FRÉDÉRIC MASSON

JOSÉPHINE
de Beauharnais

1763-1796

PARIS
LIBRAIRIE PAUL OLLENDORFF
28 *bis*, RUE DE RICHELIEU, 28 *bis*
—
1899
Tous droits réservés.

JOSÉPHINE
de Beauharnais

DU MÊME AUTEUR

ÉTUDES NAPOLÉONIENNES

Le Département des Affaires Étrangères pendant la Révolution (1787-1804). 1 vol.

Napoléon et les femmes. 1 vol.

Napoléon et sa Famille. Tome Ier, 1769-1802. — Tome II, 1802-1805.

Napoléon chez lui. — La journée de l'Empereur aux Tuileries. 1 vol.

Napoléon inconnu. — Papiers inédits accompagnés de Notes sur la jeunesse de Napoléon (1769-1798). 2 vol.

Cavaliers de Napoléon. 1 vol.

Joséphine Impératrice et Reine. 1 vol.

Pour paraître prochainement :

Napoléon et sa Famille. Tome III, 1805-1809.

Tous droits de reproduction et de traduction réservés pour tous les pays, y compris la Suède et la Norvège.

S'adresser, pour traiter, à M. PAUL OLLENDORFF, éditeur, rue de Richelieu, 28 *bis*, Paris.

FRÉDÉRIC MASSON

JOSÉPHINE

de Beauharnais

1763-1796

PARIS
LIBRAIRIE PAUL OLLENDORFF
28 bis, RUE DE RICHELIEU, 28 bis
—
1899
Tous droits réservés.

IL A ÉTÉ TIRÉ A PART

Vingt exemplaires sur papier de Hollande,

numérotés à la presse.

INTRODUCTION

Cette étude est divisée en trois parties, dont les deux premières vont paraître presque simultanément.

Dans celle-ci, *Joséphine de Beauharnais*, j'ai voulu rendre compte de l'existence de Joséphine depuis sa naissance jusqu'à son union avec le général Bonaparte.

Dans la deuxième, j'ai prétendu recueillir les détails épars qui permettent de reconstituer le rôle de *Joséphine Impératrice et Reine*.

Dans la troisième : *Joséphine après le divorce*, j'essaierai, — lorsque mon livre sur *Napoléon et sa Famille* aura été conduit jusqu'à la date de 1809, — de réunir des indices suffisants de la femme pour qu'on apprécie définitivement son caractère. L'ayant montrée jeune fille et jeune femme hors de la direction de Napoléon ; ayant établi ensuite ce qu'elle a gagné à cette sujétion, il conviendra de chercher ce qu'elle sera devenue lorsqu'elle en aura été libérée.

Qu'aura-t-elle gagné en esprit de conduite, en noblesse d'âme, en rectitude de jugement? Comment mènera-t-elle sa vie et quelle devra être sur elle l'opinion de l'histoire, voilà ce qu'il faudra dire. Ce volume fera la preuve arithmétique des deux précédents. Il établira si je me suis ou non trompé, si je me suis montré juge indulgent ou prévenu.

Pour le moment, bien que la plupart des documents soient assemblés sur cette troisième partie, je préfère la réserver, certaines notions devant d'abord être exposées ailleurs, mais, quant aux deux premières, l'état d'avancement de mes autres travaux m'oblige à les publier et puisque l'occasion s'en présente, il convient que je m'explique sur certains faits qui me sont personnels.

On m'accuse, dans certains milieux, de porter contre Joséphine une sorte d'acrimonie et d'esprit systématique de dénigrement. L'on dit qu'il est au moins inutile d'aller rechercher quelles furent les origines, quelle la vie antérieure, quelles les fréquentations et les habitudes d'une femme que Napoléon a aimée, qui, durant quatorze ans, a été la compagne de sa gloire, qu'il a fait près de lui monter au trône et dont le nom est associé à son nom. On ne doit pas toucher à cette femme : elle est sacrée.

C'est le système qu'on prétendait par ailleurs appliquer à Napoléon : il était permis d'écrire sur lui, mais à condition de respecter toutes les légendes, de ne point faire descendre un instant le dieu du piédestal ; à condition surtout de respecter ce qu'on appelait les secrets de la Famille, comme si ces secrets, dont les plus graves furent étalés devant le monde par ceux-là même qui en étaient les dépositaires, n'étaient point indispensables à l'histoire, n'apportaient point, avec les causes même des décisions, les justifications de la politique entière de Napoléon.

J'ai continué mon chemin, et je le poursuivrai, si la vie veut encore de moi, jusqu'au bout ; je dirai tout ce que j'ai trouvé, tout ce que j'ai pensé même, sans réticence, sans complaisance, parce que c'est ainsi seulement qu'il faut honorer le Héros : si quelques-uns voient des fautes où je vois du grand et du noble, si quelques autres essaient de tirer des armes de ce que j'aurai révélé, peu importe : j'ai trop la conviction que la Vérité seule, la Vérité tout entière peut servir sa mémoire pour hésiter et me reprendre. Mais, à présent, je me sens plus touché que je n'ose dire par le reproche : il s'agit d'une femme, et cette femme, ai-je le droit, en la partie de sa vie qui n'est point à proprement dire historique, de lui appliquer les procédés d'investigation minutieuse qui sont dans ma méthode de travail ?

« Ne fouettez pas une femme, même avec des roses ! » a dit le poète antique. Sans doute, si cette femme n'a été qu'une femme, si elle n'a exercé nulle action sur son temps, si elle n'a joué nul rôle dans la politique, si les partis n'ont pas pris à tâche de donner d'elle une image menteuse et, à son profit, de fausser l'histoire. D'une telle femme indifférente et sans nom, à quoi bon chercher les tares et discuter les aventures ? C'est un libelle si on la désigne ; c'est un roman si l'on généralise et, si l'on va plus aux détails, c'est de la pornographie. L'on ne gagne pas grand'chose à raconter les travers et les misères qu'elle a eus en commun avec son sexe, et, de fait, il vaut mieux s'en taire.

Mais convient-il d'étendre la règle à celles-là qui ont pris une place dans l'État, qui, directement ou non, ont été associées aux grands événements et aux grandes passions de l'Humanité ? Celles-là n'appartiennent-elles pas à l'écrivain ; n'a-t-il pas droit sur elles et quelque chose de ce qui est elles doit-il demeurer secret ? Ici, plus de vie privée, plus de pudeur féminine, plus de respect : ce n'est plus une femme, c'est un personnage d'histoire et l'Histoire a pour base nécessaire la vérité intégrale sur les êtres qui relèvent d'elle.

Sans doute, en ce qui touche la femme, cette théorie trouve encore des contradicteurs. C'est à peine si, dans les livres d'histoire didactique, académique et pédagogique, l'on se hasarde à prononcer les noms de ces femmes qui, sans avoir été reines ni impératrices, ont cependant obtenu sur les rois, les empereurs, et par suite sur les nations, bien plus de pouvoir que les épouses légitimes et qui ont, bien autrement qu'elles, influé sur les événements. Si, depuis quelque temps, l'on s'enhardit à parler de leurs actes politiques, l'on se garde de fouiller leur passé, de raconter en détail leur vie antérieure, de rechercher leurs liaisons, d'établir leur caractère et de définir leur façon de penser. Il semble qu'on n'ait à retenir d'elles que ce qu'elles ont fait, écrit et dit publiquement depuis le moment où elles sont montées sur un théâtre public. Sur tout le reste, on glisse et plus on est discret, mieux on est vu.

Des souveraines, on parle davantage, et il est permis même de recueillir tout détail sur elles pourvu que ce soit en des publications documentaires portant l'estampille d'un gouvernement. Alors, l'on accepte sans indignation des révélations qui, venues d'un particulier, auraient paru misérables et sacrilèges. Mais qu'on se garde d'apprécier ou même de raconter : ce qui était loisible aux contemporains accrédités est interdit à leurs descendants sans mandat. Le document net et cru est de l'Histoire; le même document utilisé pour l'histoire, entouré, soutenu d'autres documents, est du pamphlet. Cela est ainsi et il suffit d'être averti.

Étudiant Napoléon, j'ai rencontré Joséphine. Cette femme a tenu dans la vie sentimentale du Général, du Consul, de l'Empereur la plus grande place ; son action n'a point été étrangère à certaines décisions qu'il a prises et, pour rendre compte de certaines tendances de son esprit, de certains états de son imagination et de son cœur, il est nécessaire de savoir exactement qui elle est, comment elle pense, d'où elle vient, où elle est allée. Dans la plupart, sinon dans tous les livres qui lui sont consacrés, l'on ne trouve que légendes imbéciles, apologies intéressées, erreurs volontaires, un fatras de déclamations oiseuses qui ne prouvent rien, n'expliquent rien, ne mènent à rien. Au lieu de faits, des épithètes ; au lieu de dates, des adjectifs. Il a donc fallu reprendre cette vie comme eût fait un juge d'instruction, ne conserver de tout l'imprimé que les pièces sérieuses, authentiques, émanées de l'intéressée ou de ses contemporains, grouper autour de ces documents les documents nouveaux que des recherches personnelles avaient fait rencontrer et, du dossier ainsi formé, indépendamment de toute idée préconçue, en dehors de toute pensée de flatterie ou de complaisance, dégager la femme, sa vie, ses actes, son caractère, son esprit.

Ces notions sont indispensables pour compléter ce que j'ai dit et ce que j'aurai encore à dire des relations de Napoléon avec Joséphine[1], des rapports de la famille Bonaparte avec elle. J'ai besoin des *antécédents* : sans eux, point de caractère qui se puisse définir et établir.

C'est ce que j'ai fait ailleurs pour les frères et les sœurs de Napoléon : mais, comme leur vie était dès le début liée à la sienne, rien n'était plus aisé que d'exposer, à mesure que je l'étudiais lui-même, l'origine et la constitution de leurs liaisons, le développement des sentiments et des intérêts réciproques, de fournir les indications nécessaires sur l'éducation, le caractère, la forme d'esprit des êtres ; il n'en est pas ainsi

---

[1] *Napoléon et les femmes.*

pour la femme qui joue le rôle principal dans son existence et dans son cœur durant les plus brillantes années de sa carrière ; elle entre brusquement dans sa vie et s'y installe sans qu'on ait pu se renseigner ni sur son éducation, ni sur ses actes, ni sur son passé ; c'est donc à part qu'il convient de l'étudier, et, pour la faire comprendre, il faut, de toute nécessité, supprimer toute complaisance et n'avoir en vue que la vérité.

Par malheur, cette vérité va heurter une légende accréditée dans certaines coteries où Joséphine est devenue intangible, comme ailleurs Marie-Antoinette. Ce n'est pas sans doute le même sentiment et les causes ne sont pas semblables, mais le résultat est pareil : pour Marie-Antoinette, ses malheurs, son courage et sa mort ont commandé le respect et devant elle la critique, même la vérité, s'arrêtent ; l'on répugne à se mêler aux accusateurs et, bien que certaines parties d'histoire demeurent inexplicables tant que l'on n'aura point sincèrement étudié la femme qu'elle fut et le rôle qu'elle a joué, jusqu'ici il ne s'est guère rencontré de travailleurs honnêtes et impartiaux pour tenter d'écrire sa vie entière ; même les mieux armés se laissent influencer, évitent de grouper des faits décisifs et, en dernière analyse, atténuent leurs jugements : Il y a là de la grandeur et de la désolation et, à défaut de sympathie, la pitié s'impose avec le respect.

Joséphine n'a point de malheurs, il est difficile de lui trouver du courage et, quant au motif de sa mort, il n'est point pour l'honorer. Ce ne sont donc point de tels sentiments qu'elle inspire. L'image que l'on a prise d'elle n'est point due au caractère qu'elle a développé, ni aux souvenirs qu'elle a laissés. Il s'est opéré, pour lui créer, à l'aide des éléments épars en suspension dans l'atmosphère national, la légende qui s'est attachée à son nom, un travail dont il est d'autant plus nécessaire de rechercher le développement, qu'il est impossible de n'y point discerner des velléités de dénigrement contre Napoléon.

Parallèle à une époque à la légende de Napoléon, dont elle est, dont elle eût dû rester le commentaire et le développement, la légende de Joséphine a été ensuite propagée à dessein de diminuer l'Empereur, de le montrer en faute, de lui enlever le bénéfice de certains de ses actes, d'atténuer les idées directrices de sa conduite, celles qu'il importe d'autant plus de mettre en relief que, d'elles, découle la doctrine établie par lui et faussée depuis lui.

Sans doute, les résultats de ce travail seront éphémères et il suffirait de quelque patience pour les voir s'évanouir. La notion acquise par le peuple n'en a point été modifiée et cette notion prise d'ensemble, sans détail, se rapproche assez sensiblement de la vérité — telle au moins que l'imagination populaire la peut concevoir — pour être sans inconvénients. Cette notion fortifie à des égards, amollit un peu à d'autres, la notion que le peuple s'est formée de l'Empereur, mais, si elle s'est ainsi constituée, c'est à la suite d'une inéluctable loi des races. En toute religion, les divinités que se donne le peuple vont par couple : il faut une déesse près du dieu : une religion exclusivement mâle ne saurait longtemps séduire et attacher les Latins : il faut que l'élément femelle s'y introduise et, lorsque la déesse n'absorbe pas tous les hommages, on serait mal venu de se plaindre.

C'est ailleurs, dans une classe qui se croit plus relevée, qui s'imagine plus instruite, qui pourrait avoir reçu une culture plus générale, qui a, en tout cas, plus de facilités de lire, que s'est formée, répandue, accréditée, la légende de Joséphine ; là, sera reçue avec empressement, accueillie avec joie, toute allégation ayant pour but de diminuer l'Empereur : cet homme est gênant ; il fait trop, par sa taille, sentir aux pygmées leur petitesse ; il prouve trop, par son exemple, combien l'action est supérieure à la parole, à l'écrit, au verbiage ; il a trop, par ses décisions, rendu visible le péril que font courir à une nation l'esprit pédagogique et l'esprit robin ; il a trop bien su, par ses décrets, museler les fauteurs d'anarchie, ceux de la chaire et ceux de la barre ; il a trop bien établi, par son exemple entier, la supériorité de la société obéissant à une direction militaire sur une société désorganisée par l'anarchie civile, pour que, mort ou vif, il ne reste point l'éternel ennemi ; car ils sentent bien que, tant que vivra son culte intime dans le cœur des Français fidèles, tant que les générations se lèveront à son nom et se guideront sur son étoile, tant qu'il sera parlé d'Honneur, tant qu'il sera question de Patrie, ils auront encore des retours à craindre et des revanches à redouter.

Sans doute, ici, l'arme était médiocre, mais c'était une arme ; on la leur offrait et ils l'ont prise.

Qui l'offrait? Un peu tout le monde, car cette légende ne s'est point établie d'un coup ; elle a été composée de toutes sortes d'éléments disparates. Son origine est lointaine : elle date des premiers jours du Consulat.

En ce temps, les nobles rentrés vantent Joséphine et l'exaltent. Ce n'est qu'à elle qu'ils doivent leur retour et leurs biens. Pour ce Bonaparte, de la reconnaissance ; fi ! Pour la vicomtesse de Beauharnais, à la bonne heure ! — C'est le début.

Au divorce, beaucoup des anciens compagnons de guerre, des employés civils, des gens de la Révolution, témoignent pour Joséphine d'autant plus d'admiration complaisante que, par là, ils rabaissent l'autre, l'Autrichienne. Ils regrettent, ils blâment la résolution de l'Empereur, et, par leurs discours et leurs récits, fournissent une première base à la légende *orale*.

Voici la chute de l'Empire : unis cette fois seulement, les uns, parce que les Beauharnais se sont ouvertement ralliés à la Restauration, les autres, parce que Joséphine demeure toujours à leurs yeux la femme de l'Empereur, Royalistes et Bonapartistes s'accordent pour parer de couleurs prestigieuses une mort déshonorante. Opposition encore, mais à double effet. Comme les brochuriers abondent, que tout est prétexte à brochures, une charretée de lettres et de mémoires apocryphes, une pleine pannerée de *Canards :* — première base à la légende *écrite*.

Les Cent-Jours, l'Empereur visitant Malmaison, l'Empereur partant de Malmaison pour le grand exil,

Joséphine associée, morte, à cette convulsion suprême du patriotisme, à ce dernier acte du drame national, comment ne pas rejoindre, ne pas confondre ces deux souvenirs ?

La Restauration — et alors, par opposition aux Bourbons, par regret du passé, par curiosité, par goût d'apprendre des anecdotes sur l'homme dont on parle uniquement et qui a si peu laissé écrire, — la grande marée des mémoires sur l'Empire. Naturellement, Joséphine y prend sa place et, moins on ménage l'Empereur, mieux on la présente. Dès lors, le mouvement apologétique se dessine, et, lorsque l'on a épuisé ce qui était public ou ce qui était inventable sur Napoléon, voici, sur Joséphine, les mémoires de Mlle Lenormant, de Mme de Vaudey, de Mlle Avrillon, de Mme Georgette Ducrest, sans compter les mémoires de Mme d'Abrantès, les mémoires de la Contemporaine, les mémoires des généraux, des officiers, des soldats ; voici le *Mémorial* et les louanges entourées de quelques critiques que donne l'Empereur même. Jusqu'ici, point de mal et, de fait, au milieu des fadaises ainsi publiées, dans ce fatras d'écrits apocryphes, l'on discerne des parcelles de vérité, des observations directes, des traits de nature. Le mensonge abonde, surtout l'arrangé, le mis-au-point par les teinturiers, mais presque tout mérite d'être passé au crible et, de cette boue, l'on retient quelques paillettes.

Ce mouvement de mémoires n'est pas sans influence sur l'apothéose napoléonienne, qui prépare la Révolution de Juillet, qui motive, explique et consacre l'avènement de Louis-Philippe. Joséphine y disparaît; c'est le grand soldat qu'on honore, l'*homme de la Revanche*, le vengeur attendu du Drapeau. Pourtant, comme il faut au peuple une part de roman, de tendresse, de fleur bleue pour compléter et achever son héros, c'est Joséphine qui la fournit. Elle s'embellit physiquement et moralement au point de n'être plus guère reconnaissable; mais ne croit-on pas embellir ainsi Napoléon, et n'est-il pas tout juste qu'elle se transfigure avec lui, puisqu'elle lui donne la réplique dans les drames populaires, qu'elle fournit sa part d'émotion aux volumes de cabinet de lecture et qu'elle est constamment en scène dans les anecdotes à la Marco-Saint-Hilaire?

Il y a exagération dans les louanges, invraisemblance dans les dialogues, ineptie dans les historiettes, mais à quoi bon chercher la mesure dans ces recueils destinés à exploiter la passion populaire : autant y demander du style. Rien à dire : depuis la mort de l'Empereur, l'évolution s'est produite et accomplie naturellement; elle est logique; elle est conforme aux lois historiques. La légende de Joséphine a suivi le même cours, a subi le même accroissement que la grande légende à laquelle elle est demeurée subordonnée; la proportion s'est maintenue entre l'une et l'autre; il ne s'est mêlé à l'extension de celle-ci aucun élément qui soit prélevé sur celle-là, qui y soit contraire ou hostile. On n'y rencontre nulle action externe, rien qui soit, peut-on dire, particulier à Joséphine, qui tende à lui créer en dehors et à côté de la personnalité de Napoléon une personnalité propre.

Mais voici du nouveau : il ne va plus suffire que Joséphine évolue dans l'atmosphère de Napoléon et qu'elle en soit le satellite, il s'agit de l'en détacher dans une mesure, de montrer qu'elle eut des idées distinctes, une action propre, de la présenter comme le bon génie dont l'abandon coïncide avec les fautes et la décadence de l'Empire : c'est à quoi, dans un but facile à comprendre, s'emploie la Reine Hortense et la publication des *lettres de Napoléon à Joséphine* en est le premier son de cloche. Sans doute, dans le tome premier, Joséphine n'apparaît encore que dans un rang subordonné, mais le tome second est tout entier consacré à montrer la mère tendre, l'épouse vertueuse, l'impératrice délaissée; Beauharnais même y trouve son lot.

On fait mieux : pour venger Joséphine des critiques du *Mémorial*, on fait composer par Ballouhey, ancien secrétaire des dépenses, un travail qu'on imprime, où il est démontré que Joséphine a été la souveraine la plus ordonnée et la moins dépensière qu'on ait vue en France; et l'excellent comptable, pour soutenir cette thèse ardue, n'hésite pas à omettre des chiffres et à en fausser d'autres. Impression faite, on se ravise, on trouve à bon droit la publication dangereuse, on réserve la brochure pour la circulation privée. A partir de 1836, coïncidant avec les tentatives du Prince Louis-Napoléon, c'est, dans les petits journaux qu'il subventionne, une recrudescence d'anecdotes, de racontars, de romans sur sa grand'mère. Il n'est question que d'elle et, à voir la place qu'on lui fait, on ne saurait douter du mot d'ordre.

Le but se dévoile à partir de 1849. De cette date jusqu'en 1870, s'accomplit régulièrement un travail d'abord officieux, puis officiel, pour établir et propager une légende de Joséphine distincte de la légende de Napoléon.

Ceci semblera étrange et des contemporains même le nieront parce qu'ils ne l'auront alors, ni aperçu ni compris. Sans doute, cela tiendra-t-il à ce que la plupart de ceux qui ont servi le plus fidèlement le second Empire, dans les postes même les plus élevés, n'avaient ni le sentiment, ni la tradition, ni la foi napoléonienne. Par une étrange rencontre, c'était dans les partis d'opposition — parti orléaniste et parti républicain — que se trouvaient alors les napoléoniens — soldats des grandes guerres ralliés à la Monarchie de Juillet après 1830 et demeurés fidèles à leur nouveau serment, journalistes et avocats formés à l'école et selon la doctrine de Carrel et ayant reconnu dans le Héros l'unique soldat de la République démocratique unitaire. Ceux-là ne s'y sont pas trompés, pas plus que ceux qui, groupés dès les premiers jours autour du Prince Louis, avaient été les confidents de ses rêves, l'avaient poussé à l'action et avaient joué leur vie dans ses tentatives, les hommes de l'*Occident Napoléonien* et du *Capitole*.

Ce sont leurs idées qu'on trouvera ici.

Napoléon III était d'abord Tascher et Beauharnais. Il avait des points de ressemblance très frappants avec le roi Louis ; mais il était d'abord le fils de sa mère. Il avait été élevé par elle ; il l'avait adorée ; rien d'étonnant à ce que, d'elle, son esprit et son cœur eussent reçu d'ineffaçables empreintes. La Reine, durant les longs jours d'exil, n'avait pas manqué de lui dire ses griefs, ceux de l'Impératrice, ceux d'Eugène. En lui donc et par lui, lorsqu'il est au pouvoir, se continue, se perpétue, s'accentue même la lutte des deux races d'où il dérive, — cette lutte qui a duré déjà de 1796 à 1814 — et combien les Beauharnais l'emportent sur les Bonaparte !

Que ce soit ou non par l'effet de sa volonté, qu'il y porte un dessein prémédité ou qu'il cède aux circonstances, qu'il obéisse à ses propres tendances ou qu'il subisse des influences extérieures, il n'importe : les faits sont là, ils sont indéniables, durant vingt ans ils sont concordants et ils établissent, soit une coïncidence si étrange que l'Histoire n'en fournirait point d'autre exemple, soit une règle de conduite immuable d'autant plus curieuse qu'elle est plus secrètement suivie et que, à certains symptômes extérieurs, on pourrait parfois penser qu'il en dévie, alors qu'il cherche seulement, dans la mise en relief de certaines personnalités, un contrepoids nécessaire à d'autres influences.

Sans doute, Napoléon III n'a pu refuser aux Bonaparte de la branche déclarée successible par l'Empereur les titres et les dignités auxquels ils ont droit ; mais il fait leur part la moindre possible et le plus ordinairement, il s'arrange pour les tenir à l'écart. Pour la branche de Lucien, malgré la réconciliation des Cent-

Jours, malgré le mariage de la fille de Joseph, malgré l'intimité établie en exil, malgré les communs périls de 1831, rien que de vains honneurs de cour.

Par l'un de ses premiers actes, le décret confisquant les biens de la maison d'Orléans, il les ruine tous, la branche de Jérôme, comme la branche de Lucien, comme les Murat et les Bacciochi, puisque, sans leur avis, sans leur consentement, il renonce formellement en leur nom aux revendications légitimes qu'ils ont à exercer au sujet des confiscations de 1815 et de 1816. Ainsi, ils dépendent de lui; il ne reçoivent d'argent que de lui; ils perdent tout espoir de recouvrer jamais une fortune indépendante. Les générosités qu'il fait à certains, selon son bon plaisir, d'après la conduite qu'ils tiennent ou les influences qu'ils font agir, ne sont que des restitutions, singulièrement minimes par rapport aux droits formels qu'ils auraient à exercer en France, en Italie, à Naples et ailleurs; elles sont étrangement onéreuses à qui les accepte, puisque les recevoir c'est renoncer à toute revendication et comment les refuser, puisqu'il faut vivre?

Pendant qu'il tient à l'écart les Bonaparte, c'est des Tascher et des Beauharnais qu'il s'entoure uniquement. C'est la Grande-Duchesse Stéphanie de Bade — une Beauharnais — qui est l'oracle de la nouvelle cour et à qui vont tous les honneurs; c'est la Reine de Suède, — une Beauharnais devenue Bernadotte — qui est la marraine du Prince Impérial!

C'est aux Tascher devenus allemands qu'il demande

le grand maître de la Maison de l'Impératrice, son premier chambellan, ses familiers de tous ordres.

Dans sa Maison, qu'on ne cherche pas les noms des fidèles qui ont souffert pour Napoléon, qui ont supporté pour lui l'exil et la mort, les noms des victimes de la Terreur blanche, les noms même des compagnons de Sainte-Hélène. On a mieux : à peine se pare-t-on de quelques duchés d'Empire, directement hérités, le plus souvent substitués, parfois même apocryphes — car on ignore l'histoire ; le gros des places est réservé à ceux-là dont les pères ou les mères ont fait partie des Maisons de la Princesse Louis, de la Reine Hortense ou de l'Impératrice Joséphine divorcée. Quelle a été la conduite des pères lorsque l'Empire tomba, comment les uns ont affirmé leur fidélité en obtenant tout de suite des grâces, des titres, des pairies ; comment les autres ont insulté leur bienfaiteur dans d'odieux pamphlets, comment quelques-uns ont pris même les armes contre l'Empereur et commandé le feu contre lui, on ne s'en inquiète point ; si, sur chacun d'eux, un particulier désarmé a pu composer un dossier de pièces officielles, authentiques, irréfutables, dont, avant 1870, la publication, inutile depuis cette date, eût été écrasante, quelle facilité ne trouvait pas pour se renseigner un gouvernement ayant à ses ordres toutes les archives et toutes les polices ?

Voilà le cœur et l'intimité ; voici la politique : dès l'établissement du second Empire, un travail officiel s'opère en vue de donner à Joséphine et même à

Hortense une place dans l'histoire de la Dynastie. C'est le *Partant pour Syrie* qui devient l'hymne officiel, au lieu du *Vivat* de l'abbé Rose, de la *Marche de la Caravane* et du *Veillons au salut de l'Empire*, qui retentissaient jadis dans les solennités impériales. Par une étonnante propagande, on répand à millions d'exemplaires la figure de Joséphine : images d'Épinal, lithographies, gravures au burin, tout est bon. Un seul tableau, un seul, consacré à Napoléon, entre au Musée de Versailles, et Joséphine y figure avec Hortense. Il ne se trouve pas à Paris une place où l'on érige une statue à l'Empereur, mais on en élève une à Joséphine. L'Empereur, qu'est-ce que l'Empereur? Un souverain comme les autres. L'on inaugure un Musée des Souverains et là, mélangées avec les défroques apocryphes, les pantoufles éculées qu'on prétend de Marie-Antoinette, le bureau de Louis XV et le fauteuil à roulettes de Louis XVIII, on dispose les reliques de l'Empereur, et l'on met les oripeaux de l'Ordre du Saint-Esprit en meilleure vue que le manteau du Couronnement ! L'Empereur, le chef et le fondateur de la Dynastie, au moins cela, — rien que cela sans doute, car, du Général et du Consul, il n'est plus question, — l'Empereur, par qui l'on vit et de qui l'on vit, est rejeté très loin parmi les Bourbons, les Valois, les Capétiens, les Carolingiens, figure d'ancêtre, soit! mais ancêtre singulièrement délaissé, dont on se recommande encore à des jours, mais dont il est interdit d'évoquer les décisions et de recommander la tradition, dont on accepte l'héritage mais sous bénéfice d'inventaire, dont on trie les pensées comme les papiers, et à qui, en lui reconnaissant des parties de génie, l'on refuse l'esprit politique et l'instinct de l'avenir.

Point de Bonaparte, mais des Beauharnais! C'est là la trinaire divinité dont on se recommande, à laquelle on dédie des avenues — avenue Joséphine, avenue de la Reine-Hortense, boulevard du Prince-Eugène — des statues et des livres. Car si, sur Napoléon, on décourage l'enquête historique; si, durant ces vingt années, toute la production *officielle* se borne à la publication tronquée et peu scientifique de la *Correspondance* et des *Commentaires;* si l'on abandonne à des adversaires du régime le soin d'écrire l'*Histoire du Consulat et de l'Empire*, si on laisse sans réfutation et sans riposte les pamphlets de Charras, de Barni, de Mario Proth, de Lanfrey, de Paschal Grousset; si, dans les lycées et les collèges, on encourage la diffusion de précis d'histoire nettement anti-napoléoniens; si, dans les bureaux historiques du Ministère de la Guerre, on suspend l'étude des campagnes de Napoléon, l'on trouve, pour Joséphine, Eugène et Hortense, des annalistes dont on subventionne les indigestes publications. Le Maréchal Marmont s'attaque-t-il, en ses mémoires posthumes, à la gloire du Prince Eugène? c'est une pluie de brochures, officieuses sinon officielles, en attendant la condamnation par le tribunal civil de la Seine.

Qu'on ne touche point aux Beauharnais, ils sont sacrés; c'est à eux l'auréole. Dans l'une des circonstances les plus solennelles de sa vie, faisant part de son mariage aux grands corps de l'Etat, l'empereur Napoléon III dit : « Une seule femme a semblé porter bonheur et vivre plus que les autres dans le souvenir du peuple, et cette femme, épouse modeste et bonne du général Bonaparte, n'était pas issue d'un sang royal, » et il ajoute, parlant de celle qu'il appelle à partager son trône : « Gracieuse et bonne, elle fera revivre dans la même position, j'en ai le ferme espoir, les vertus de l'Impératrice Joséphine. »

Ainsi, durant le second Empire, s'élabore cette légende parallèle dont les propagateurs savaient fort bien l'utilité : Etablir Napoléon seul comme l'Homme de Génie, ayant pensé, commandé, accompli seul, — comme c'est la vérité — les actes de son histoire, le mettre en la place où il doit être, si haut, si loin, hors de toute portée des êtres qui l'ont approché, c'est dangereux pour celui qui se réclame de lui. Interposer, entre Napoléon Ier et Napoléon III, les frères de l'Empereur, s'efforcer d'attirer sur eux une part de sa renommée, c'est pis encore : car certains des Bonaparte vivants ont, plus que l'héritier de l'Empire, la tradition, la ressemblance physique et morale avec le fondateur de la Dynastie, portent plus profonde l'empreinte de la race et en présentent plus marqués, dans le corps et l'esprit, les traits caractéristiques. Sans doute le respect filial y perd, et l'on peut s'étonner que Napoléon III néglige ainsi le père dont il tient, uniquement pourtant, ses droits à l'hérédité. L'érection d'un monument familial dans l'église de Saint-Leu est l'unique hommage qu'il lui rend, hommage purement privé, tandis que, à sa mère, à son oncle, à sa grand'mère, il n'a ménagé nul des honneurs publics : et ce n'est pas, certes, à cause des dissentiments entre Napoléon et Louis, ce n'est pas à cause du dédaigneux pardon inscrit dans le testament de Sainte-Hélène que Louis est ainsi mis de côté ; mais, d'abord, parce que le fils semble prendre parti pour sa mère ; surtout, parce que Louis est Bonaparte et que ce qu'on lui donnerait à lui, il faudrait l'accorder à Joseph, à Jérôme et même à Lucien : on leur fera à tous quatre des statues à Ajaccio ; c'est sans périls.

Comme la légende Beauharnais est plus commode et plus profitable ! Le dernier fils du prince Eugène, Bavarois par son éducation, Russe par son mariage, est mort en 1852 ; les Leuchtenberg, ses fils, sont attachés et fixés en Russie. Des autres branches Beauharnais, point de descendants mâles. On contentera les femelles avec quelques duchés, quelques grandes places — certaines à la vérité étrangement attribuées — et l'on y gagnera à tous les points de vue, surtout — n'est-il pas vrai ? — pour la confiance et la discrétion.

Et cela a été ainsi. A quel degré fut poussée l'inconscience, sinon le scepticisme, il ne convient pas de le rechercher : j'en ai dit assez.

Sans ce travail dirigé contre la vérité de l'Histoire et par suite contre la gloire de l'Empereur, sans ce parti pris pour les Beauharnais, sans cet abandon des traditions napoléoniennes que qualifiaient si sévèrement les véritables Bonapartistes et dont je les ai si souvent entendu gémir, je n'aurais pas sans doute été amené à m'inquiéter aussi directement de Joséphine; j'aurais pu laisser ses faiblesses dans une ombre propice et je n'aurais pas mené avec cette rigueur mon enquête ; mais, éveillée par les apologies intéressées, l'attention a besoin d'être satisfaite, et la vérité, obscurcie par des affirmations complaisantes, doit être redressée. Je ne porte ici point de haine, mais aussi nulle appréhension et seulement une entière bonne foi. Lorsque, il y a quatre ans, l'esquisse de ce premier volume a paru dans la *Revue de Paris*, des rectifications m'ont été adressées. L'on verra si j'en ai tenu compte. M'est-il permis d'espérer que les divers gens de lettres, qui, en démarquant ces articles, se sont alors approprié mes erreurs, voudront bien tenir compte de cette observation ?

Sur tout autre point où je me serais encore trompé, je sollicite instamment les communications des intéressés : qu'ils mettent en compte, pour me pardonner mes inexactitudes, les difficultés singulières que présente un tel livre, où l'absence de documents certains et officiels oblige souvent à des conjectures, où l'on ne marche qu'à tâtons en saisissant quelques bribes de lettres, quelques dates de contrats, quelques actes civils ou religieux. En conscience, j'ai cherché le vrai, je crois l'avoir démêlé et si, sur des points, je me trouve l'avoir établi contrairement aux opinions reçues, sur d'autres j'ai pu disculper Joséphine d'une façon qui, je crois, ne laissera point de doutes.

A cette enquête, Joséphine aura plus à gagner qu'à perdre et, en résumé, elle se trouvera plus aimable étant plus humaine et plus vraie. Par les tristesses, la pénurie, les douleurs de sa jeunesse elle s'élève et grandit. Ce n'est plus ici une baudruche soufflée à qui l'on a fourni l'apparence des bustes de cire qu'on voit aux vitrines des coiffeurs; qui, avec des bontés à la Sedaine et des grâces de journal des Modes, expose, d'une voix phonographique, les aphorismes de Marco de Saint-Hilaire et de Mathurin de Lescure, c'est une femme avec des os, de la chair, peu de cerveau, — et des sens; ce n'est plus un être de raison, c'est la femme de son pays, de son temps et de son milieu, et si elle a tous les goûts, tous les désirs, tous les caprices de la femme qu'elle est, s'en devra-t-on étonner? Et si, ayant cherché le luxe et l'ayant trouvé, cette femme est, par une fortune plus improbable encore qu'on ne l'avait imaginée, menée des plus bas échelons au plus sourcilleux sommet, les qualités qu'elle y montrera ne seront-elles pas plus rares, la distinction d'allures, d'esprit et de cœur qu'elle y déploiera ne sera-t-elle pas bien autrement remarquable que si l'élévation avait été moins brusque, l'éducation plus complète, les fréquentations plus relevées et la destinée moins étrange? Seulement ce n'est plus une impératrice, ce n'est plus une grande dame : — c'est une femme.

Frédéric Masson.

Clos des Fées, novembre 1898.

JOSÉPHINE DE BEAUHARNAIS

I

LES ILES

JOSÉPHINE DE BEAUHARNAIS

I

LES ILES

Les Iles, c'est le mot magique qui, en France, durant tout un siècle, vient tenter quiconque est amoureux d'aventures, affamé de gloire et d'argent. Avec ce mot, on remue Paris et la France : les bas de laine se vident dans le Mississipi ; des exodes se forment pour la France équinoxiale ; on veut tantôt les Indes ou le Sénégal, tantôt la Cochinchine et Madagascar ; un courant continu emporte les hommes jeunes vers le large, vers les pays inconnus, vers les empires à conquérir et, après le Canada et la Louisiane perdus, en quelques années, il semble que la France va recouvrer des possessions coloniales cent fois plus vastes et plus riches que celles que la guerre continentale lui a fait perdre.

Et ce n'est point illusion, mais vérité démontrée : voici Saint-Domingue : dès 1640, il est vrai, les Boucaniers français, qui s'y sont irrégulièrement établis, ont reçu de la métropole un gouverneur ; en 1697, l'Espagne, par le traité de Ryswick, a reconnu à la France des droits sur la partie occidentale ; mais, en 1711 seulement, se sont élevées les premières baraques du Cap-Français ; en 1749, Port-au-Prince a été désigné, par ordonnance du Roi, pour l'emplacement d'une ville ; et ce n'a été qu'à partir de 1763, que le courant d'émigration s'y est porté régulièrement et que les capitaux y ont afflué. Or, vingt-cinq ans après, en 1788, la colonie de Saint-Domingue exporte en France, par 527 bâtiments, jaugeant 165 286 tonneaux, une valeur déclarée de 162 994 367 livres 16 sous 9 deniers. La France, par 678 bâtiments, y importe une valeur totale de 122 198 229 livres, compris les nègres, au nombre de 27 812 (hommes, femmes et enfants), qui entrent dans le total pour 58 070 884 ; la population est d'environ 520 000 individus, dont 40 000 blancs, 28 000 affranchis ou descendants d'affranchis et 452 000 esclaves. Les habitants exploitent 793 sucreries, 31 580 indigoteries, 789 cotonneries, 3 117 caféyères, 182 guildiveries ; ils possèdent 40 000 chevaux, 50 000 mulets, 250 000 bœufs ou moutons. La valeur totale des revenus passe 200 millions de livres.

Ailleurs, mêmes résultats : la Martinique n'a été remise à la compagnie des Indes occidentales qu'en 1665 ; elle a subi des révolutions de tous genres, dix à douze descentes ou occupations par les Anglais et les Hollandais. Comme si ce n'était pas assez des guerres qui ont ruiné son commerce, des administrations qui ont paralysé son industrie, de terribles ouragans (celui de 1766 en particulier) ont à plusieurs reprises détruit ses récoltes, abattu ses maisons, rasé ses plantations. Or, malgré cela, en l'année 1788, la Martinique exporte pour la France une valeur de 25 650 000 livres ; pour l'étranger une valeur de 7 747 000 livres ; elle reçoit de France pour 15 millions, de l'étranger pour 10 millions de marchandises. Balance à son profit, 8 millions[1].

A la Guadeloupe, où le commerce interlope avec les colonies anglaises se trouve favorisé par la situation, l'exportation est, en 1788, de 16 millions pour la France, d'un million et demi pour l'étranger; l'importation française atteint 5 millions et demi, l'étrangère 3. Balance, au profit de la Guadeloupe, 8 millions et demi.

Et ces 8 millions de la Guadeloupe comme les 8 millions de la Martinique, loin d'être perdus pour la France, y rentrent pour la plus grande part sous forme de remises d'argent.

Pour l'ensemble des Antilles françaises, le chiffre des exportations pour la France atteignait cette année 1788 le total de 218 511 000 livres; des exportations pour l'étranger, 9 920 000 livres. Ce chiffre, quintuplé pour fournir la valeur représentative actuelle : — un milliard, cent quarante millions de francs, — profitait

[1] En 1885, la valeur totale des exportations de la Martinique était de 21 113 382 francs, dont 15 210 060 francs pour la France. Les importations s'élevaient à 21 905 243 dont 9 193 111 francs de France. Balance au détriment de la métropole, plus de 6 millions; balance au détriment de la colonie près de 500 000 francs. Par rapport à 1788, déficit de 12 millions, valeur nominale; de 60 millions, valeur réelle.

uniquement à la métropole; car le commerce étranger, aussi restreint que possible, était soumis à des droits considérables; l'importation et l'exportation ne s'opéraient que par navires français; la France bénéficiait donc, non seulement des marchandises vendues, non seulement des bénéfices perçus par les intermédiaires et les transporteurs, mais des sommes même dont elle payait et faisait payer à l'Europe les produits coloniaux, puisque la plupart des créoles riches habitaient la France continentale et s'y faisaient remettre leurs revenus.

Telle avait été la prodigieuse richesse créée en trente ans par la seule industrie de quelques-uns de ces Français qu'on déclare volontiers incapables de coloniser. Ces Français avaient, en deux siècles, sans secours de leur gouvernement et presque à son insu, successivement découvert, conquis et occupé le Canada, Terre-Neuve, la Louisiane, les Antilles, la Guyane, le Sénégal, l'Ile-de-France, Bourbon, Madagascar, l'Indoustan entier; mais, par une doctrine néfaste que les Gouvernements, quels qu'ils soient, semblent se transmettre, ces colonies — créées par l'effort individuel des citoyens, — n'étaient envisagées par le pouvoir métropolitain que comme une monnaie d'appoint pour acheter sur le continent des traités de paix ou y payer des alliances; à chaque guerre continentale où l'on éprouvait des revers, c'était avec des colonies qu'on payait; à chaque guerre continentale où l'on avait des succès, c'était d'accroissements continentaux qu'on s'inquiétait, jamais de revendications coloniales. Puis, des misérables débris qui restaient encore, on faisait des terrains d'exploitation ou d'expérience; on y appliquait des lois, dont la nécessaire conséquence était la ruine et le massacre des braves gens qui y avaient porté leurs capitaux et leur personne. Et l'on s'étonne ensuite que le mouvement colonial se soit arrêté, que les Français se soient découragés d'aller sur des terres lointaines, au péril de leur vie, créer des richesses pour une nation incapable de les protéger, incapable même de les comprendre et qui se réjouit de retarder les guerres nécessaires en désavouant ses plus admirables soldats !

Il est à cet arrêt d'autres causes encore dont la législation métropolitaine n'est pas une des moindres. Par l'égalité des partages successoraux, la natalité a diminué dans la proportion qu'on sait; le malthusianisme s'est étendu sur toutes les provinces qui jadis fournissaient le plus grand nombre d'émigrés coloniaux. Le père de famille, ne voulant pas que son héritage soit divisé à l'infini, a restreint le nombre de ses enfants; les fils, sachant que tous, quelle que soit leur conduite, ils succéderont à une portion de la fortune paternelle, préfèrent attendre cette part, fût-elle infime, à aller se créer eux-mêmes une situation personnelle. Ceux qui partent encore sont pour l'ordinaire des malheureux auxquels rien n'a réussi et qui vont là comme au suicide. Ils n'emportent nul capital, ils n'ont nulle relation, ils ne trouvent aucune protection; quoi d'étonnant s'ils ne réussissent pas, si les plus favorisés sont ceux qui parviennent à végéter.

Jadis, sous le régime du droit d'aînesse, c'étaient, d'ordinaire, des cadets de famille qui allaient ainsi chercher fortune ; mais ils ne partaient point les mains vides. Soit qu'ils eussent déjà reçu leur légitime, soit qu'ils tinssent de leur père ou de parents cotisés une pacotille, ils arrivaient dans la colonie avec un capital marchandises qu'ils n'avaient point eu à ébrécher, puisque le passage leur était le plus ordinairement accordé sur les vaisseaux du Roi. C'était à leur industrie à tirer parti de ce capital et, souvent, si la pacotille avait été bien composée, ils le décuplaient. Munis qu'ils étaient de lettres pour le Gouverneur et l'Intendant, ils n'avaient eu garde d'oublier leurs certificats de noblesse qu'ils faisaient enregistrer par les cours souveraines et, tout de suite, ils se trouvaient affiliés à une franc-maçonnerie dont la protection était d'autant plus utile que les règles pour y être admis étaien plus strictes. Ils ne manquaient point d'obtenir quelque concession de terres, car ce n'était point le sol qui manquait, et, s'ils avaient apporté ou conquis par leur industrie le capital nécessaire pour mettre cette concession en valeur, presque tout de suite, ils se trouvaient riches. Mais, sans ce capital, mieux eussent-ils fait de rester chez eux, de prendre parti même comme simples soldats dans un régiment.

Aux Antilles, ce capital pour devenir rémunérateur devait représenter environ deux fois et demi la valeur de la propriété à exploiter : ainsi, une propriété de cent carreaux de terre, équivalant à 68 hectares, dont la valeur marchande, en pleine exploitation, eût été de 200 000 livres, exigeait seize bœufs, cent cinq mulets, deux cents nègres, plus des ustensiles, outils et harnais — le tout montant à 560 000 livres. Moyennant ces avances, on récoltait et on fabriquait, année moyenne et sur terrain moyen, pour 153 000 livres tournois de sucre et sirop. En déduisant 55 000 livres pour nourriture des nègres, frais d'économat, impositions, amortissement et réparations, restait net 98 000 livres, soit 18 p. 100 du capital si la concession avait été gracieuse, 12 2/3 p. 100 si la terre avait été achetée. Ce dernier chiffre plus probable; car, sur la concession nue, les bâtiments à construire avaient nécessité des fonds qu'il fallait rémunérer. Toutefois, à la canne à sucre, certains habitants joignaient diverses autres cultures lucratives, en sorte que, dans des plantations bien conduites, le produit pouvait s'élever de 15 à 20 p. 100.

Mais, sans capital, pas de produit; car il n'y a pas à dire qu'on travaillera de ses mains, qu'on se créera ainsi un capital. Pour l'Européen, pas de travail possible aux Antilles (on en a fait l'expérience à la Martinique avec les engagés pour trois ans, dits *les trente-six mois*); pas de travail aux colonies hormis au Canada, et là, un travail peu rémunérateur, analogue par ses fruits au travail en Europe. A mesure qu'on descend vers la zone tropicale, vers les pays où se font les récoltes abondantes de produits recherchés en Europe, l'Européen est incapable de supporter un travail quelconque. L'Africain ou l'Asiatique le peut, mais, pour l'attrait d'un salaire, il s'y refuse. De là, la contrainte, l'esclavage ; mais le nègre coûte cher : l'adulte, *pièce d'Inde*, de dix-huit à trente ans, vaut de 1 800 à 2 400 livres, souvent plus. La négresse, un peu moins ; elle travaille d'ailleurs presque autant ; et l'on ne distingue point les mâles des femelles lorsqu'on nombre les têtes d'une habitation.

Si l'on administre bien et paternellement, le nombre des nègres s'augmente de soi. Mais, d'abord, il a fallu acheter et, pour acheter, il a fallu un capital. Et il ne suffit point du capital immédiatement nécessaire pour se procurer les nègres en nombre suffisant pour exploiter la terre qu'on a, il faut encore des réserves, car il n'y a point d'assurances contre les épidémies ; il n'y en a point contre les tremblements de terre et les coups de vent ; et ce n'est pas une récolte seulement qu'on y perd, mais souvent tout le matériel de l'habitation.

Donc, pour réussir, condition essentielle : le capital premier ; mais comme beaucoup — sinon la plupart — ont emporté ce capital, le passage, le séjour aux Iles réussit à quantité, qui reviennent un jour en France les mains pleines d'or : ce sont surtout à dire vrai, des descendants, des parents ou des amis de gouverneurs, d'intendants ou de commandants des troupes, des favoris des ministres ou même du Roi. De là, les grandes concessions de terres, de là, les belles habitations en plein rapport ; de là, les fortunés qui, après une ou deux générations, débarquent à la Cour pour réclamer leur rang et reprendre leur place, jeunes hommes aux airs et à la tournure de Princes charmants, dont les noms de revenants évoquent les aïeux partis jadis pour les Iles, disparus, oubliés. Ils sont en règle, mieux que quiconque; car, à l'orgueil de leur race maintenue intacte, ils ont joint là-bas l'orgueil d'une autre noblesse, celle de la peau, et ils tiennent autant à l'une qu'à l'autre. Plus jolis, plus fins, plus rares que les Français du vieux sol, avec des yeux de diamant noir, une sveltesse nonchalante dans la taille, une langueur provocante dans la démarche, en même temps une violence de passion que nulle folie n'arrête, une vigueur de tempérament que nul excès n'épuise, une élégance naturelle que chacun imite et que personne n'égale, une prodigalité si aisée que rien, semble-t-il, n'en peut tarir la source, une bravoure qui se joue aux périls et y trouve le plus rare des plaisirs, ils affolent les femmes, décrètent la mode, règnent à Paris, à Versailles, partout où il leur plaît d'établir leur domination.

Et c'est des Iles que viennent aussi les Reines de Paris, ces créoles à grandes fortunes, aussi désireuses de titres et de charges de Cour que d'élégance et de luxe. Parmi elles, sans avoir à se mésallier, — car elles sont de bonne race, la plupart, de petite noblesse mais authentique, — les seigneurs désireux de redorer leur blason vont plus volontiers maintenant chercher des épouses que parmi les filles de finance. Et, après un court passage dans quelque couvent à la mode, tout de suite introduites dans le grand monde, elle s'y trouvent à l'aise et y portent, avec une grâce qui n'est qu'à elles, leurs façons, leur parler nonchalant et le négligé de leurs habitudes. D'elles, viennent des révolutions inaperçues, la haute coiffure remplacée par le mouchoir à la créole; le grand habit détrôné par la *gaule* flottante et souple, les soies et les velours abandonnés pour les blanches étoffes de mousseline et de percale, d'un blanc qu'on n'obtient que là-bas, aux rivières de l'Artibonite, où les raffinées envoient laver leur linge. D'elles, coïncidant juste avec le mouvement que provoque Rousseau, précédant cet autre mouvement qui, des fouilles d'Herculanum et de Pompéi, va, par les peintres, se répandre, se propager et devenir tyrannique, d'elles dérive un courant de simplicité apparente, le plus onéreux de tous les luxes. Si riches soient-elles, elles n'ont point cette hauteur d'argent qui rend insoutenables la plupart des filles de finance ; plus prodigues que celles-ci, parce que leur nonchalance les rend incapables de défense, plus tentables parce que toute fantaisie leur est nouvelle et qu'elles y portent, avec l'ardeur qui est en leur sang, l'inconscience de l'argent qui fut dans leur éducation, elles donnent aux divertissements et aux plaisirs un tour nouveau, elles portent aux ameublements, aux toilettes et aux maisons une façon qui leur est propre.

Non seulement la Cour, non seulement la société qui en ressort est ainsi envahie et dominée par les créoles, mais la Ville entière et toute la province maritime : Plus même que les propriétaires d'habitations, les commerçants, les intermédiaires font fortune aux Iles. C'est des Iles que vit Bordeaux, qui envoie aux Antilles 242 navires, Nantes qui en a 131, le Havre 107, Marseille 133, puis la Rochelle, Dunkerque, Bayonne. Sans doute, la noblesse ne déroge pas au commerce maritime, mais elle s'y adonne peu et le laisse volontiers aux bourgeois. D'ailleurs, où commence, où finit le commerce maritime? On s'enrichit bien plus vite à vendre du *bois d'ébène* que du sucre et si, à la première génération, un tel argent n'est pas bien vu, à la seconde, qui s'en souvient? A la vérité, la vanité tente parfois ces nouveaux riches et ils aiment assez faire entrer leurs filles dans quelque famille titrée où elles sont traitées médiocrement, mais, d'ordinaire, l'échange de fils et de filles se fait entre armateurs de France et négociants des Antilles. Que de tels ménages viennent à Paris ou qu'ils restent dans les ports, ils donnent bientôt le ton à la bourgeoisie la plus riche, ils ont des gens de lettres quand ils veulent, des parlementaires autant qu'il leur plaît et des financiers plus qu'ils n'en souhaitent. A la fin du xvɪɪɪ° siècle, en toute maison ouverte, où l'on reçoit, où l'on se distingue en fêtes rares, élégantes, dépensières, qu'on cherche, l'on trouvera l'argent des colonies!

Cela est beau, mais à côté des arrivés, combien restent en route! Combien dans ce grand mouvement d'émigration et, pour prendre un terme d'à présent, d'*expansion coloniale*, cherchent et poursuivent la fortune sans jamais l'atteindre! Combien, partis les mains et les poches vides, ou avec une pacotille mal composée, ont dû pour gagner leur pain s'abaisser à des métiers qu'ils eussent certainement dédaignés en France, se sont vus contraints d'entrer au service de quelque habitant et de faire *le dos brûlé*, comme on dit à Saint-Domingue, de faire claquer sur les nègres le fouet de commandeur ! Combien, ayant réussi à grand'peine à établir une médiocre plantation, ont vu un jour tout leur travail détruit par une épidémie ou un cyclone ! Combien, surtout, portant aux pays nouveaux leurs vices d'origine, perdent en une nuit la récolte d'une année, s'endettent, sont contraints de tout vendre, tombent à la pire misère ! Car, il n'est point à le dissimuler, ceux qui partent, beaucoup par esprit d'aventure, beaucoup pour blanchir leur honneur, tous pour faire fortune, ne peuvent manquer des goûts et des appétits inhérents à leur tempérament. C'est un jeu qu'ils ont joué et tout jeu les attire ; c'est une aventure qu'ils ont courue, et toute aventure leur agrée. Ils sont braves ; ils portent l'épée : duels. Ils sont sensuels, ils possèdent des négresses ou des filles de couleur : conséquence. Ils sont brutaux, ils ont des esclaves : coups et parfois pis. Ils glissent d'autant plus vite au mal et s'y enfoncent d'autant plus que l'audace est plus dans leur sang et que les freins sont plus distendus. Toutefois, même aux plus bas tombés, sinon à eux, au moins à leurs fils, une ressource reste, s'ils sont nobles, inscrits et reconnus tels : les filles blanches, nobles, n'épousent que des blancs et des nobles. Beaucoup ne sont pas assez riches pour tenter les gentilshommes de France; d'ailleurs, il faudrait les aller trouver. Sur place, guère d'épouseurs. On n'est donc pas fort difficile sur les antécédents dès que la noblesse est prouvée. Et ainsi quelques-uns se sauvent.

II

TASCHER ET BEAUHARNAIS

II

TASCHER ET BEAUHARNAIS

En 1726, débarque à la Martinique un noble du Blésois, Gaspard-Joseph Tascher de la Pagerie qui, comme tant d'autres, vient chercher fortune. Il appartient à une ancienne famille qui établit régulièrement sa filiation depuis le milieu du xv° siècle et prétend remonter au xii°. A l'entendre, en 1142, un Aimericus Tacherius a fait une donation à l'abbaye de Saint-Mesmin ; en 1176, un Nicolas Tascher a reçu de Louis le Jeune la permission d'établir sur les murs d'Orléans telle construction qu'il lui plairait ; en 1192, un Regnault Tascher, chevalier croisé, a signé, au camp devant Saint-Jean-d'Acre, un emprunt sous la garantie du comte de Blois ; en 1248, un Arnaud Tascher, ayant pris la croix avec Louis IX, a donné quelque part un reçu à des banquiers italiens ; en 1309, un Ferry Tascher a eu en don de Philippe le Bel la seigneurie de Garges près Gonesse.

S'il est vrai qu'une branche ait résidé durant deux à

trois générations dans l'Ile-de-France, la famille ne s'y est point fixée, elle s'est répandue dans l'Orléanais où elle a obtenu les seigneuries de Bréméant, de Romphais, de Malassise et de la Pagerie, de la Hallière, de Pouvray de la Salle, de Coutres et de Villiers, et dans la généralité de Mortagne où elle a eu les seigneuries de Marcilly, de Vauçay, de Beaulieu, de Boisguillaume, de Lormarin.

Point d'illustration : point d'alliances brillantes et utiles — une avec les Ronsard est pour honorer, non pour servir.

Des autres : Chaumont, du Bois, Mégardon, des Loges, Racine, Phéline, Arnoude, rien à dire; ce sont la plupart filles de bonne maison, apportant parfois en dot quelque seigneurie dont se pare le mari, mais, à chaque génération, travail à refaire. Au service du Roi fondent ces petites fortunes des gentilshommes de province. Ils s'endettent pour s'équiper, pour se soutenir dans un régiment, espérant toujours une compagnie qui, si elle leur échoit, achève de les ruiner. Car, celles que donne le Roi à qui ne peut en lever ou en acheter, sont à rétablir et coûtent presque plus.

Ils attendent donc dans une lieutenance, souvent s'y font tuer, comme Marin Tascher à la bataille de Saint-Quentin, Jean au siège de Turin, Jacques au siège de Bergues, mais souvent aussi, lassés, s'en retournent en leur province, où ils épousent quelque petite héritière, font souche et, à peine leurs fils en âge, n'ont d'autre idée que de les mettre au service. C'est là, sans doute, cet attachement au métier, cet esprit de sacrifice et de dévouement, perpétué à travers les générations, la gloire de la noblesse française, — mais comme elle la paye !

Le grand-père de Gaspard-Joseph, retiré avec le grade de capitaine de cavalerie, a usé ses dernières ressources à commander, en 1674, l'escadron de l'arrière-ban de la noblesse du Blésois. Il en a tiré un beau certificat signé du vicomte de Turenne, mais ne s'en est point trouvé plus riche. Il n'a laissé qu'un fils, Gaspard, qui, malgré deux bons mariages, n'a pu se sortir d'affaire. Il est vrai que c'est de l'honneur surtout que lui ont apporté Mlles du Plessis-Savonnière et Bodin de Boisrenard, de familles égales à la sienne, toutes militaires, chez qui, à chaque génération, s'offre au Roi l'holocauste d'un soldat tué pour la France.

Gaspard demeure donc à Blois où, en 1650, son grand-père s'est établi après avoir vendu sa seigneurie de la Pagerie, sise dans la paroisse de Vievy-le-Rayé, dont ses descendants ont pourtant gardé le nom. Il s'y mêle à la vie municipale, au point de ne point dédaigner par la suite (1735) de se faire élire échevin. De ses deux mariages, il a eu six enfants, deux fils et quatre filles. Pour deux de ses filles, Anne et Madeleine, moyennant les habituels certificats d'indigence, il obtient des places à Saint-Cyr : en en sortant, ces deux entreront en religion ainsi qu'une troisième et s'en iront à un couvent de Bordeaux. Le fils cadet prendra aussi le parti de l'Église et, d'abord chanoine de Blois, il deviendra par la suite un des aumôniers de la Dauphine, de là sera grand vicaire de Mâcon en

1764, abbé de Selincourt au diocèse d'Amiens (ce qui lui vaudra 7500 livres de revenu) et plus tard encore, assure-t-on, abbé et vicomte d'Abbeville.

Reste l'aîné, qui se nomme Gaspard-Joseph, comme son grand-père. Il a, semble-t-il, tenté de servir, a mal réussi. On le dit mauvais sujet. Peut-être est-il en dispute avec sa belle-mère ; en tout cas, il prétend échapper à cette vie de gentillâtre pauvre et préfère courir l'aventure. Sans grade militaire, sans fonction civile, il arrive à la Martinique ; il s'établit au quartier Sainte-Marie ; peut-être sur des terres qui lui ont été concédées, plus probablement comme employé chez un habitant. Au bout de quatre ans, en 1730, pour conserver ses droits et ses privilèges de noblesse, il présente au Conseil souverain une demande afin de faire enregistrer ses titres ; à cause des formalités, des productions à demander en France, cela dure quinze ans, traîne jusqu'en 1745 : dans l'intervalle, en 1734, il se marie, épouse, au Carbet, une demoiselle Boureau de la Chevalerie, qui peut-être tient à une famille anoblie en 1713, mais dont le nom ne figure point dans les listes des nobles à la Martinique.

Cette femme lui apporte quelques biens au Carbet où il se fixe et dans l'île de Sainte-Lucie où il fait des voyages ; mais il ne réussit point dans ses entreprises, gère mal, a pire conduite, s'endette, « est réduit pendant longtemps à servir en qualité d'économe dans différentes habitations ». Exproprié, il quitte le Carbet, vient s'établir à Fort-Royal. Au moins a-t-il une nombreuse postérité : cinq enfants : deux fils :

Joseph-Gaspard, né au Carbet en 1735, et Robert-Marguerite, né en 1740, et trois filles : Marie-Euphémie-Désirée, Marie-Paule et Marie-Françoise-Rose.

Pour les garçons, l'abbé de Tascher obtient de la Dauphine, Marie-Josèphe de Saxe, des places de pages dans sa Maison. Les preuves qu'ils ont à fournir sont admises par M. Clairambault le 4 août 1750, et en 1752, l'aîné, Joseph-Gaspard, déjà bien âgé, semble-t-il, pour profiter de cette faveur, car il a ses dix-sept ans, part pour la France et est reçu. Il reste peu dans la maison, se contente pour en sortir, au lieu de l'habituelle sous-lieutenance de cavalerie, d'un brevet de sous-lieutenant dans une compagnie franche de Marine à la Martinique; brevet sans place, titre nu. Lorsqu'il regagne les Iles, en 1755, son frère cadet lui a déjà succédé : il n'y passera guère plus de temps, et, à sa sortie, entrera dans la Marine.

Ainsi telle la situation en 1756, trente ans après l'arrivée : point d'argent, point de réputation, la misère obligeant à des métiers qui feraient déchoir; toutefois, ce fait d'être né noble, qui par un mariage a déjà apporté une fois le salut, l'apportant encore pour l'éducation des fils, mis ainsi à portée d'une carrière. Restent les filles : les voici en pleine maturité : quinze, dix-huit, vingt ans, qu'en faire?

En 1755, par un de ces habituels guets-apens qui constituent sa politique à l'égard de la France, la relient à travers les âges, et lui prêtent une si belle tenue pour la continuité des desseins et la similitude des procédés, l'Angleterre, en pleine paix, fait, dans les parages de Terre-Neuve, attaquer deux vaisseaux français, *l'Alcide* et *le Lys*, par les dix vaisseaux de l'amiral Boscawen. En même temps se déroule un plan général d'attaque contre toutes les colonies françaises. Le Roi a besoin aux Antilles d'un homme d'énergie et, par provisions du 1er novembre 1756, il nomme à la place de « gouverneur et lieutenant général des îles de la Martinique, la Guadeloupe, Marie-Galande, Saint-Martin, Saint-Barthélemy, la Désirade, la Dominique, Sainte-Lucie, la Grenade, les Grenadins, Tabago, Saint-Vincent, Cayenne avec ses dépendances et les îles du Vent de l'Amérique », Messire François de Beauharnais, major de ses Armées navales, qualifié haut et puissant seigneur, baron de Beauville, seigneur de Villechauve et de Monvoy, etc., etc., etc.

M. de Beauharnais, établi presque souverain en ces colonies, chargé de la terrible responsabilité de les défendre contre la menace anglaise, est un homme de quarante-deux ans, qui sert depuis vingt-sept sans grand éclat. Garde-marine en 1729, enseigne en 1733, lieutenant de vaisseau en 1741, chevalier de Saint-Louis en 1749, capitaine de vaisseau en 1751, major des Armées navales en 1754, il a, malgré cette facilité à faire ses grades, peu quitté Rochefort où il est né et où, en dernier lieu, il est établi major de la marine. Nulle action de guerre, mais, dit-on, « c'est un sujet aimé et estimé dans son corps ; il est d'un caractère doux et liant ; il a du talent ; il s'est toujours conduit avec beaucoup de sagesse, il a bien rempli toutes les missions dont il a été chargé et, d'ailleurs, son nom est aussi connu dans le service des Colonies que dans celui de la Marine ». Un tel rapport est d'un ami, et qui s'aviserait de contredire le tout-puissant M. Bégon, premier commis de la Marine, qui, sous ces ministres essentiellement instables — six en dix ans : Rouillé, Machault, Peyrenc de Moras, Massiac, Lenormand de Mezy, Berryer, et aucun du métier — est le maître véritable.

M. de Beauharnais, qui n'est point encore marquis — sa châtellenie, terre et seigneurie de la Ferté-Aurain, dans l'élection de Romorantin, à sept lieues de Blois, ne sera érigée en marquisat que par lettres de 1764, — mais auquel déjà il semble qu'on en donne le titre, appartient à une famille qui n'est connue dans l'Orléanais que depuis l'extrême fin du xive siècle (1390) et qui, alors, n'était point d'épée. Ses ancêtres ont presque tous porté la robe et une robe galonnée de finance : maîtres des requêtes de l'Hôtel, présidents et trésoriers généraux de France au Bureau des finances d'Orléans, contrôleurs de l'Extraordinaire des guerres, présidents au Présidial d'Orléans, conseillers au Parlement de Paris ; ils ne s'y sont point ruinés et ont fait de bonnes alliances avec les Nesmond, les Bonneau, les Rousseau, les Phélypeaux, gens riches et graine à ministres.

Au xviie siècle, un cadet de la famille se prend de goût pour la marine et parvient, en 1640, à commander un navire dans la flotte de l'archevêque de Bordeaux. Cet exemple et, bien plus, la certitude de trouver des protecteurs assurés en les cousins Phélypeaux, qui, durant deux siècles presque, de 1610 à 1781, tiennent au moins un des quatre offices de secrétaires d'État, et gardent toujours la haute main sur la Marine remplie par eux de leurs cousins, alliés et protégés, détermine tous les jeunes gens de la génération suivante, et cinq se trouvent en même temps sur les vaisseaux du Roi : un arrive intendant général des Armées navales et, en sa faveur, le Roi, par lettres du 25 juin 1707, érige en baronnie, sous le nom de Beauville, la terre et seigneurie de Port-Maltais, à la Côte d'Acadie, dont antérieurement il lui a fait don ; trois se retirent capitaines de vaisseau et chevaliers de Saint-Louis, et enfin, celui qu'on appelle le marquis parvient, après une belle et brillante carrière, au grade de lieutenant général des Armées navales et à une commanderie de Saint-Louis. Du coup, en une génération, les Beauharnais ont conquis leur place ; ils ont rendu leur nom, ainsi multiplié, populaire dans l'armée de mer ; s'aidant, s'appuyant, se soutenant l'un l'autre, s'étayant du crédit des Phélypeaux et des Bégon, leurs parents, ils ont trouvé la fortune favorable et n'ont garde de ne point engager dans ce bon métier les fils qu'ils ont.

François de Beauharnais, celui qui, le 13 mai 1757, débarque en gouverneur à la Martinique, est le fils aîné de Claude, l'un des capitaines de vaisseau et d'une demoiselle Renée Hardouineau dont la mère s'est remariée à celui qu'on nomme le marquis de Beauharnais, le lieutenant général des Armées navales. Comme neveu de l'un et petit-fils de l'autre, il leur succédera ainsi dans un hôtel à Paris, rue Thévenot, où le marquis est mort en 1749. Il amène avec lui sa jeune femme, née Pyvart de Chastullé, qu'il a épousée six ans auparavant. Elle est sa cousine, ayant ellemême pour mère une Hardouineau, et elle lui a porté une autre part de la grosse fortune de ces Hardouineau qui ont des habitations importantes à Saint-Domingue. M. de Beauharnais en possède aussi personnellement, qui lui proviennent d'un de ses oncles, capitaine de vaisseau, mort célibataire au Petit-Goave en 1741. De sa femme il a eu deux fils, dont un seulement est vivant : François, né à la Rochelle l'année précédente.

Quel rapport peut s'établir entre ce grand seigneur arrivant en maître dans les terres de son gouvernement, riche à 100 000 livres de rentes, en dehors des bienfaits du Roi et de son traitement de 150 000 livres, et ces Tascher qui vivent à grand'peine, en un coin de l'île, sans position, sans fortune, déconsidérés et perdus de dettes ?

Sans doute, ils sont, à l'origine, de la même province, et M. Tascher n'a point manqué de se faire recommander ; son nom est bon et a du relief près d'un compatriote de noblesse moins sûre. Peut-être même — quoique l'on n'en ait rien trouvé — existe-t-il entre les deux familles quelque lointaine alliance, mais, cela étant, tout devrait se borner sans doute, de la part de M. de Beauharnais, à un bon accueil et à quelques vagues promesses; il n'en est pas ainsi et l'on a mieux : des femmes vient en effet l'effective protection, mais c'est d'une vivante, non des mortes.

III

MADAME RENAUDIN

III

MADAME RENAUDIN

Gaspard-Joseph, on l'a vu, avait trois filles : par quelles intrigues, à quel titre, parvint-il à faire entrer l'aînée, Marie-Euphémie-Désirée, dans la maison de M. de Beauharnais ? Servante relevée, demoiselle de compagnie, on ne sait. En tout cas, elle sut vite s'y faire sa place et s'y élever, puisque, l'année d'après, elle y était établie en pied, logeait au gouvernement et jouissait sur le Gouverneur général et sur sa femme d'un crédit qu'on disait sans limites. On pensait à lui faire faire un beau mariage et elle y pensait surtout. Justement, fréquentait au Gouvernement un sieur Alexis-Michel-Auguste Renaudin dont le père, assez considéré dans la Colonie pour y avoir reçu, avec le grade de major, le commandement de toutes les milices, possède une belle habitation au quartier du Lamentin et des biens considérables à Sainte-Lucie. Alexis Renaudin était jeune, bien tourné, d'une famille militaire qui, sous Louis XIII, avait fourni un lieutenant général des Armées ; par sa mère, née Raguienne, il tenait à ce qui était le plus ancien dans l'île, un Raguienne étant, dès 1691, membre du Conseil souverain, de même que, par sa sœur, mariée à M. de Saint-Légier de la Saussaye, qui prenait du marquis, il se rattachait à ce qui était le plus qualifié : proie désirable. M. de Beauharnais l'employa comme une sorte d'officier d'ordonnance, lui ménageant ainsi les moyens de voir Désirée et d'en devenir amoureux. Cela fit une grosse affaire, les parents Renaudin ne voulant point d'un tel mariage, alléguant non pas le défaut de fortune d'Euphémie, mais « l'inconduite du père et le désordre public de ses affaires et les reproches qu'on faisait publiquement dans l'île à Mlle de la Pagerie d'avoir abusé dans plusieurs circonstances de son crédit auprès de M. et Mme de Beauharnais pour obtenir d'eux des grâces qui avaient excité les plus vives plaintes ».

Devant le refus de M. et Mme Renaudin, il n'y avait qu'à manœuvrer et ces manœuvres occupèrent singulièrement le Gouverneur, qui pourtant à ce moment aurait dû avoir d'autres soucis.

Les Antilles étaient un des objectifs des Anglais, et, pour les mettre en défense, que de soins, et combien peu de temps !

Or, si, à la Martinique, quelque terre avait été remuée, à la Guadeloupe et dans les autres possessions, pas un préparatif n'était fait lorsque, le 15 janvier 1759, l'amiral Moore, avec dix vaisseaux, autant de frégates, quatre galiotes à bombes et près de 8 000 hommes de débarquement, parut devant Fort-Royal. Le 16, il mit à terre une partie de ses forces; mais, grâce à d'heureux hasards, bien plus qu'aux bonnes dispositions du Gouverneur, il fut repoussé. Les colons volontaires firent brillamment le coup de fusil; la garnison se tint bien; l'équipage du *Florissant*, seul vaisseau en rade — car, la veille, M. de Beauharnais avait jugé à propos de renvoyer en France l'*Aigrette* et la *Bellone* pour annoncer qu'il était attaqué — fournit des secours opportuns; et, sans autrement insister, dans la nuit du 17 au 18, les Anglais rembarquèrent. Le 19, ils parurent devant Saint-Pierre, échangèrent quelques coups de canon avec les batteries, puis, reprenant le large, passèrent, le 21, le canal de la Dominique et, le 22, se présentèrent devant la Basse-Terre de la Guadeloupe.

Soit que leur attaque de la Martinique n'eût été qu'une diversion, soit qu'ils eussent jugé la Martinique fortement occupée et qu'ils pensassent trouver à la Guadeloupe une conquête plus facile, c'était là qu'ils portaient leur sérieux effort, là donc que le Gouverneur général devait courir.

Certes, il n'eût pu sauver la Basse-Terre : le 22, après huit heures de bombardement, les forts et les batteries avaient été réduits au silence et évacués ; le 23, le bombardement avait continué contre la ville désarmée, des ruines de laquelle les Anglais avaient pris possession sans combat. Mais la ville conquise, restait l'île. Sans doute, Nadau du Treil, qui commandait en qualité de lieutenant de Roi, n'avait guère que

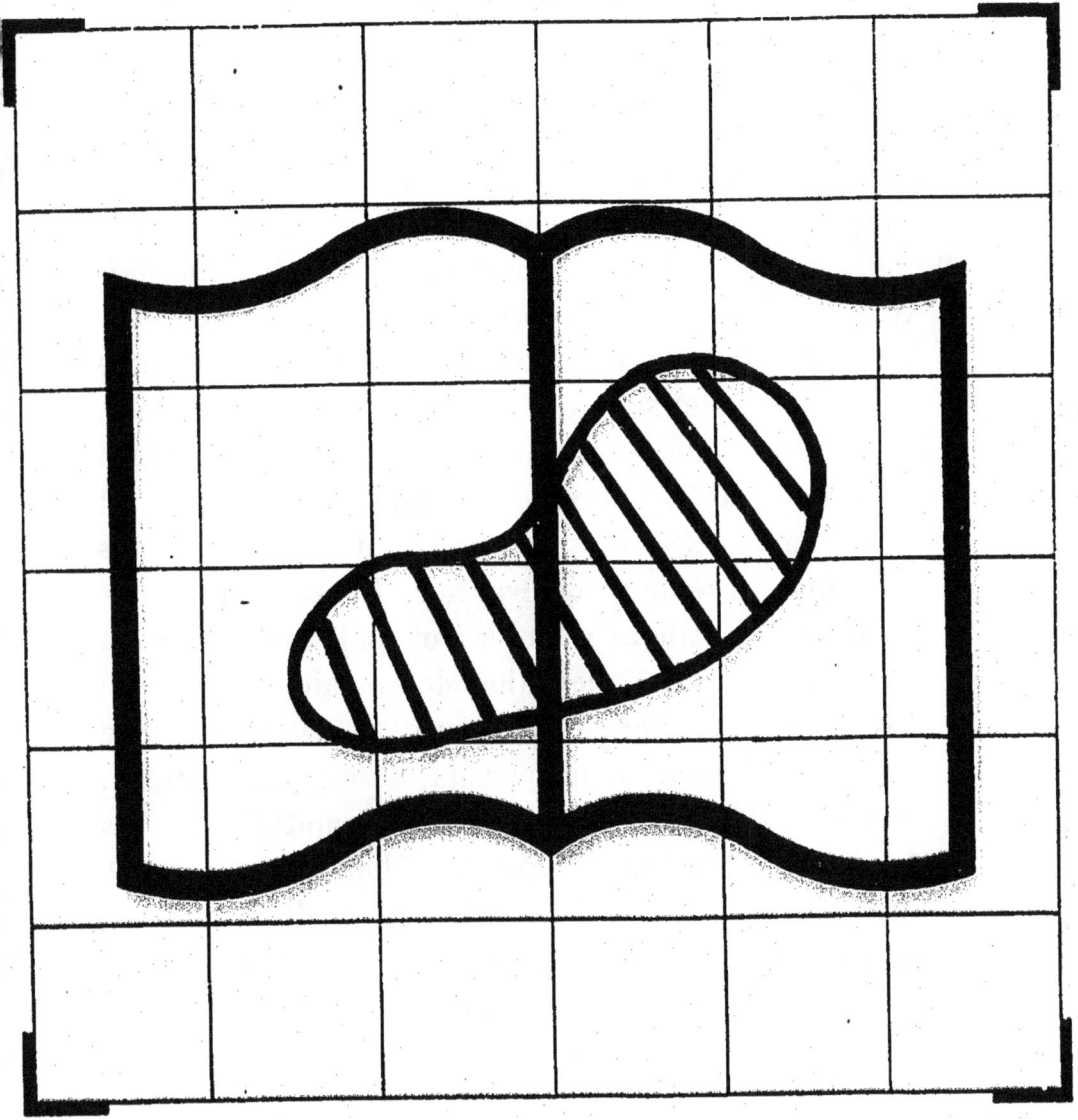

4 000 hommes, dont moitié troupes de marine et milices et moitié nègres armés fournis par des propriétaires; mais il avait pour auxiliaire le climat, qui, dès les premiers jours, jetait bas cinq cents Anglais dont Hopson, leur général, et qui continuait à ravager les effectifs. Il ne pouvait compter se sauver lui seul, mais il donnait au Gouverneur général le temps de réunir ses moyens, de les porter sur l'armée anglaise affaiblie et de l'écraser. M. de Beauharnais avait mieux à faire. Un mois, deux mois se passent. Un temps il a pu alléguer qu'il manque de navires pour transporter ses troupes. Mais, à dater du 8 mars, plus de prétexte : l'escadre aux ordres de Bompard est arrivée à Fort-Royal, et c'est huit vaisseaux et trois frégates. Or, il faut encore à M. de Beauharnais six semaines pour se déterminer. Le 23 avril seulement, il fait voile avec l'escadre, qu'il a renforcée du *Florissant* et d'une douzaine de corsaires. Le 27, il arrive à la Guadeloupe où, sans obstacle, il débarque ses troupes; mais là, il apprend, de quelques colons, que, la veille, 26, Nadau du Treil a capitulé avec les Anglais. Il interroge un ou deux habitants, se laisse dire qu'ils ne sont point disposés à reprendre les armes, se fait délivrer par eux une sorte d'attestation, et sans rien tenter, sans un combat, sans une escarmouche, il rembarque ses soldats. Il n'attend pas l'escadre, il monte de sa personne sur un bateau corsaire, *le Zomby*, débarque, le 2 mai, au Prêcheur d'où, par terre, il se rend à Saint-Pierre.

En vérité, pourquoi ces retards d'abord, pourquoi

ensuite cet étonnant empressement si M. de Beauharnais n'a point quelque motif d'importance ? On prétend à la Guadeloupe que « c'est pour un intérêt particulier et de famille, les noces d'un fils que le Gouverneur général ne voulait pas retarder » qu'il a tant attendu : mais M. de Beauharnais n'a point de fils en âge d'être marié ; à ce bruit pourtant il est quelque apparence, puisque ce sont les noces de Mlle de la Pagerie qu'on a conclues. M. Renaudin père est mort quelques jours auparavant. Renaudin fils doit faire partie de l'expédition annoncée. Il est venu le 21 prendre congé de Mlle de la Pagerie : grande scène : — « Tantôt, elle voulait retenir son amant et l'empêcher de s'exposer aux dangers qui le menaçaient, tantôt, elle l'encourageait elle-même à aller cueillir des lauriers dont elle devait partager la gloire avec lui. Renaudin, ému, attendri, lui répond que, puisqu'elle lui en faisait une loi, il irait où son devoir l'appelait, mais il pouvait lui arriver malheur et il voulait qu'au moins elle portât son nom. » Tout de suite, contrat passé : Mme Renaudin mère ne refuse point sa signature, mais elle signifie qu'elle substitue tous ses biens aux enfants à naître du mariage et, à leur défaut, aux enfants de sa fille, Mme de Saint-Légier de la Saussaye. Ensuite, toujours le 22, le mariage. Voilà pourquoi l'escadre n'a fait voile que le 23 ; voilà pourquoi M. de Beauharnais est si pressé de revenir.

Désormais, au Gouvernement, le pouvoir de la jeune Mme Renaudin paraît plus grand encore. Par elle, sa cadette, Marie-Paule, trouve un mari en la personne de M. Lejeune-Dagué, ancien mousquetaire et chevalier de Saint-Louis, d'une famille Lejeune de Malherbe, ancienne et assez riche. Par elle, son père obtient un commandement dans les milices ; son frère, employé comme lieutenant des canonniers gardes-côtes, est pris pour aide de camp par le Gouverneur ; bref, tout irait au mieux si Renaudin se montrait d'aussi bonne composition que les Tascher ; mais il a sans doute lieu d'être moins satisfait. On affirme qu'il marque son déplaisir d'une manière frappante ; mais il n'hésite point à répondre que, la protection et les grâces du Gouverneur lui coûtant son honneur, il a eu peine à en prendre son parti.

Cette vie eût pu se prolonger encore sans le scandale de la Guadeloupe : Beauharnais avait, dans son rapport, rejeté tous les torts sur Nadau du Treil et ses officiers : il reçut ordre de les mettre en jugement. Le 15 janvier 1760, un conseil de guerre condamna Nadau du Treil et de la Potherie, lieutenants de Roi, à être cassés et dégradés à la tête des troupes et des milices sur la place de Fort-Royal, puis à être conduits en France pour y être enfermés à perpétuité. D'autres officiers furent cassés et dégradés. Mais les uns et les autres ne manquèrent pas de se défendre et d'accuser le Gouverneur général ; Bompar, mis en jugement à son retour en France, montra les ordres qu'il avait reçus : malgré les appuis qu'il avait à la Cour, Beauharnais fut destitué, remplacé par un chef d'escadre, M. Levassor de la Touche, qui, originaire de la Martinique, se faisait fort de défendre la colonie. Il arriva par un navire marchand le 29 janvier 1761.

Les griefs de tous genres que les habitants avaient fait valoir contre M. de Beauharnais étaient de telle gravité que, sans les protecteurs qu'il s'était ménagés, la destitution eût été sa moindre punition ; on n'avait pas manqué de fournir des preuves du crédit qu'avait obtenu Mme Renaudin, et la conduite de l'ancien gouverneur confirma tout ce qu'on avait pu dire. Rappelé, remplacé, voyant un autre jouir de ces honneurs où il se plaisait et préposé à ce poste de danger qu'il n'avait point su garder, tombé ainsi de toute sa hauteur morale et, si l'on peut dire, de toute sa hauteur physique, M. de Beauharnais ne put se résoudre à quitter la Martinique. La grossesse de sa femme lui servit un temps de prétexte, sinon d'excuse : mais, le 28 mai, Mme de Beauharnais accoucha d'un fils qui fut ondoyé le 10 juin et reçut les noms d'Alexandre-François-Marie ; et M. de Beauharnais ne partit point. Qu'attendait-il ?

Au dire de certains chroniqueurs locaux, Mme Renaudin que M. de Beauharnais avait choisie pour marraine de son fils, se serait le jour même du baptême, embarquée avec son père, sur le vaisseau du Roi *le Vaillant*, afin d'aller poursuivre en France sa séparation de corps qu'elle obtint, ajoute-t-on, sans nulle peine. Cela n'est point exact pour la séparation de corps, car des actes postérieurs prouvent qu'il n'y en eut point. Mme Renaudin conserva les avantages qu'elle avait reçus de son mari : lorsque le 5 avril 1777,

M. Renaudin vendit à son neveu, M. de Saint-Légier, les droits qu'il possédait sur l'habitation du Lamentin, restée indivise entre eux, il stipula qu'il serait payé à sa femme une somme de 175 217 livres 6 sols 9 deniers, dont 14 078 pour intérêts, 40 000 pour douaire et 121 149 livres 6 sols 9 deniers pour principal. Il se réserva sa vie durant l'intérêt de ce capital et Mme Renaudin, par un de ses frères chargé de sa procuration, consentit à cet arrangement.

Le départ n'est pas plus vraisemblable, car M. de Beauharnais restait. Nulle pièce n'est rapportée qui montre Mme Renaudin à Paris avant 1761. Elle ne quitta la Martinique qu'au mois d'avril de cette année, lorsque, enfin, le 17, sur la frégate *l'Hébé*, M. et Mme de Beauharnais se déterminèrent à passer en France.

Pour ne pas exposer le petit Alexandre aux hasards d'une traversée, peut-être aussi pour avoir prétexte de payer une pension, on le laissa aux soins de Mme Tascher, la mère.

IV

LE PÈRE ET LA MÈRE DE JOSÉPHINE

IV

LE PÈRE ET LA MÈRE DE JOSÉPHINE

Avant son départ, M. de Beauharnais avait encore, semble-t-il, procuré un bon parti à l'aîné des Tascher, l'ancien page de la Dauphine, le lieutenant des canonniers et bombardiers gardes-côtes. Par-devant le frère Yves, capucin, curé des Trois-Ilets, Joseph-Gaspard épousa, le 9 novembre 1761, Mlle Rose-Claire des Vergers de Sannois et c'était certes une fortune inespérée, car ces Des Vergers de Sannois ou de Maupertuis, d'une ancienne noblesse de Brie et que leur naissance mettait au moins de pair avec les Tascher, étaient des familles les plus vieilles et les plus considérées de la colonie. Etablis, dès 1644, à Saint-Christophe, où ils avaient suivi un oncle, le commandeur de Poincy, qui en était gouverneur pour le Roi, ils avaient pris une part active à la défense de cette île contre les Anglais et lorsque, en 1690, elle fut définitivement conquise, ils avaient abandonné leurs biens et s'étaient retirés à la Martinique où, aussitôt, leur noblesse fut reconnue et enregistrée : ils s'y allièrent au mieux, fournirent plusieurs conseillers au Conseil souverain, et possédaient, en 1761, une certaine fortune qu'avait augmentée, à la dernière génération, un mariage avec une demoiselle Brown : mais Rose-Claire étant née le 27 août 1736, avait passé vingt-cinq ans et n'avait point à se rendre difficile.

A ce mariage, célébré aux Trois-Ilets, n'assiste, il faut le remarquer, aucune des autorités de la colonie : ni gouverneur, ni intendant, ni lieutenant de Roi, ni conseillers au Conseil souverain. M. Tascher le père ne figure point dans l'acte — ce qui donne à croire ou, comme on le dit, qu'il avait accompagné en France Mme Renaudin, ou qu'on ne jugeait point à propos de le montrer. — Les témoins, M. Ganteaume, commandant au quartier des Trois-Ilets; M. d'Audifrédy, capitaine de cavalerie; M. Girardin, ancien officier; M. Assier fils, major de la compagnie des volontaires, sont des voisins tout proches, dont plus tard on retrouvera les noms.

Rien qui sorte de l'ordinaire, quoique, à en croire certains témoignages, un des frères de la mariée soit membre du Conseil souverain, quoiqu'un cousin, M. Girardin de Montgérard, remplisse près du même Conseil les fonctions de procureur général. Est-ce donc que la famille de Sannois voit de mauvais œil un tel mariage, que, hormis père et mère, nul n'y paraît ?

Que faut-il encore penser des qualités données aux parties et n'en doit-on pas tirer quelque induction ?

Les la Pagerie se qualifient *chevaliers*, seigneurs de la Pagerie ; Mme de la Pagerie se dit *Demoiselle* et l'on ne donne que du *messire* à M. de Sannois, sans nul titre à sa femme. En ce temps, cela a son importance, et l'on en pourrait tirer quelque doute sur les origines de Marie-Catherine Brown.

Joseph-Gaspard, qui, étant né en 1735, est à peine d'un an plus âgé que sa femme, s'établit aux Trois-Ilets chez ses beaux parents qui y possèdent une jolie habitation et qui ont de plus des terres à Sainte-Lucie ; mais, à peine quelques mois écoulés, il est, en sa qualité de lieutenant de canonniers, appelé à défendre la colonie contre une nouvelle descente des Anglais. Le gouverneur, M. Levassor de la Touche, originaire de la Martinique, ayant épousé une créole, Mlle de Rochechouart, connaissant au mieux toutes les ressources, le fort et le faible de l'île, a utilisé tous les moyens, groupé tous les éléments de défense, organisé les bataillons de milice, créé des compagnies de flibustiers et de cadets de famille, même armé un régiment de nègres d'élite. Moyens de transport, approvisionnements, batteries de côte, il a tout prévu, tout préparé ; et ses dispositions n'ont pour l'efficacité nul rapport avec celles prises deux ans auparavant par M. de Beauharnais ; mais il n'a, au total, que 1000 hommes de troupes réglées — 700 grenadiers royaux et 300 soldats de marine — et l'expédition qui se dirige sur la Martinique se compose de dix-huit vaisseaux de ligne, douze frégates, quatre galiotes à bombe et environ deux cents navires ayant à bord 20 000 soldats !

Le 7 janvier 1762, les Anglais sont signalés ; le 9, ils débarquent 1 200 hommes à Sainte-Anne, mais y échouent un vaisseau de ligne qu'ils incendient et, après trois jours d'escarmouches où ils perdent soixante hommes, ils sont contraints par les milices de se rembarquer. Le 13, nouvelle descente de 2 000 hommes aux Anses d'Arlets ; les grenadiers royaux et les milices prennent encore l'avantage ; mais, bien que débusqués de leur première position, les Anglais gardent pied. Le 16, leur flotte entière paraît devant la baie de Fort-Royal, ouvre le feu et, durant dix heures, bombarde les batteries de défense qu'elle rend intenables ; puis, le vrai débarquement s'opère ; le 17, il est terminé et, munis de leur matériel, les Anglais occupent les points dominants : ceux que les Français gardent encore leur sont successivement arrachés et le bombardement de la citadelle et de la ville commence. Il dure huit jours et se termine par une capitulation honorable. Le Gouverneur général, décidé à tenir jusqu'au bout, a, du Lamentin, gagné les hauteurs du Gros-Morne, où il compte, avec quelques forces qui lui restent, prolonger la défense jusqu'à ce qu'il reçoive de France les secours annoncés ; mais les habitants, découragés, craignant la ruine et l'incendie de leurs propriétés, se hâtent de signer avec les Anglais des capitulations isolées. Réduit à un seul quartier dont les habitants refusent de se défendre, la Touche capitule à son tour le 13 février ; le 15, la capitulation est définitive et, vingt-cinq jours après, le 8 mars, arrive l'armée de secours :

9 000 hommes, montés sur onze vaisseaux et quatre frégates aux ordres du comte de Blénac. Il est trop tard.

M. de la Pagerie avait suivi jusqu'au bout la fortune du Gouverneur. Chargé, a-t-il dit lui-même par la suite, du commandement d'une batterie à la Pointe-des-Nègres, il y avait soutenu pendant neuf heures le feu de trois vaisseaux, et ne s'en était retiré que pour continuer la lutte aux batteries de Latapy et du morne Tartanson. Il ne s'était point ensuite associé aux capitulations isolées des habitants, avait accompagné M. de la Touche dans sa marche sur Saint-Pierre et n'avait posé les armes que sur son ordre.

La conquête achevée, il retourna vivre aux Trois-Ilets où, le 23 juin 1763, sa femme *Rose* accoucha d'une fille qui, cinq semaines plus tard, reçut au baptême, de son grand-père maternel *Joseph* des Vergers de Sannois, et de sa grand'mère paternelle, *Marie*-Françoise Boureau de la Chevalerie de la Pagerie, les noms de *Marie-Joseph-Rose :* c'est Joséphine.

Dans les trois années qui suivirent, Mme de la Pagerie eut deux autres filles : Catherine-Désirée, née le 11 décembre 1764 (nommée par son grand-père paternel et sa grand'mère maternelle) et Marie-Françoise, née le 3 septembre 1766 (nommée par son oncle maternel et par sa tante paternelle, Mme Lejeune-Dagué).

La fantaisie qu'éprouva plus tard Joséphine de se rajeunir, certaines contradictions que l'on rencontre dans les pièces officielles et qui paraissaient inexplicables, ont fait discuter la date vraie de sa naissance, et, à suivre uniquement les textes, l'on eût été embarrassé. Outre un acte de décès en date du 16 octobre 1777, au nom de Catherine-Désirée, l'on trouvait, en date du 5 novembre 1791, un acte d'inhumation au nom de *Marie-Joseph-Rose :* l'on en concluait, fort naturellement, que des trois filles de M. et Mme de la Pagerie, l'unique survivante était Marie-Françoise, née le 3 septembre 1766; tandis que de fait, c'était cette Marie-Françoise qui était morte en 1791, et que Marie-Joseph-Rose vivait.

De 1761 à 1791, six curés, moines ou missionnaires, avaient successivement été chargés de la tenue des registres aux Trois-Ilets : le frère Marc, capucin, pouvait ne pas connaître les prénoms exacts de ses paroissiennes et prendre l'une pour l'autre. Sans doute, il semblait étrange que les assistants, MM. Pocquet de Puilhery, d'Audiffredy, Cleüet, Durand cadet, Jean Goujon et Tascher, qui avaient signé l'acte de sépulture, n'eussent point relevé l'erreur, mais lit-on les actes qu'on signe ?

D'ailleurs est-on certain que ces prénoms n'avaient point été suggérés au frère Marc : d'un document, trop peu authentique pour qu'on s'y fie, trop affirmatif pour qu'on le néglige, il résulte que, le 17 mars 1786, une demoiselle Tascher est accouchée, à Rivière-Salée, d'une enfant du sexe féminin, qui fut tenue au baptême par ses grand-père et grand'mère, adoptée Mme de la Pagerie et, après la mort de celle-ci, mariée, le 12 mars 1808, à un sieur J.-B. Blanchet, négociant à Fort-Royal. Il n'est point douteux que cette enfant a existé : lors de la mort de Mme de la Pagerie et du règlement de ses affaires, en 1807, Decrès, ministre de la Marine, écrivait, par ordre de l'Empereur, au préfet colonial : « La demoiselle de dix-huit ans, enfant trouvée, que Mme de la Pagerie avait recueillie et adoptée, sera mariée convenablement et elle sera dotée de 40 000 à 60 000 mille francs, en supposant que cette somme puisse lui faire conclure un mariage plus avantageux qu'elle n'eût pu l'espérer si Mme de la Pagerie avait pourvu à son établissement. » Le préfet colonial, par lettre du 2 avril 1808, rendit compte que, conformément à ces ordres et moyennant ladite dot de 60 000 francs, *la demoiselle de dix-huit ans*, qu'il nommait Marie-Bénaquette, avait épousé, quelques jours auparavant, le secrétaire particulier du capitaine général, commis principal de la marine, âgé de plus de quarante ans, doué d'un caractère à rendre une femme heureuse et en état de faire valoir la fortune qu'elle tenait de la munificence impériale.

Les dates fournies concordent avec une telle précision qu'il paraît bien difficile qu'il ne s'agisse pas ici de la même personne. Ce n'est pas Joséphine qui est accouchée à Rivière-Salée en 1786, car, à cette date, sa présence à Paris ou aux environs est constante. Est-ce donc que l'accouchée, dans un intérêt facile à comprendre, a pris les prénoms de sa sœur pour faire rédiger l'acte de baptême et que, pour le même intérêt, on les lui a conservés dans l'acte d'inhumation? En tout cas, nul doute n'est possible sur la personnalité de Marie-Joseph-Rose et sur la date de sa naissance.

Joséphine était née française : en janvier 1763, la suspension d'armes entre les cours de France, d'Espagne et d'Angleterre avait été publiée à la Martinique ; le 31 mars, la nouvelle du traité de Paris y avait été officiellement connue ; le 12 juin, la flotte française, chargée de reprendre possession de l'île, avait touché à Sainte-Lucie ; le 14, l'intendant, M. de la Rivière, était venu demander la remise au commandant anglais, et, cette remise étant effectuée, le nouveau gouverneur, le marquis de Fénelon, avait débarqué le 8 juillet. Aussitôt M. de la Pagerie avait fait, près de la Cour, ses instances pour obtenir la récompense de ses services, et il avait sollicité, en même temps que sa réforme comme lieutenant de canonniers, une pension du Roi. Il en eut une de 450 livres. Il fallait que le Roi fût riche ! Mais M. de la Pagerie avait à Versailles un bon avocat. M. de Beauharnais, depuis son retour en France, s'était intrigué pour retrouver la faveur des ministres, et, comme la bienveillance des bureaux lui était acquise, il avait réussi non seulement à faire passer l'éponge sur les actes de son administration, — en particulier sur une certaine affaire d'approvisionnement de la Martinique qui avait été l'objet d'une dénonciation formelle de la part des habitants ; — non seulement à faire mettre en oubli, pour ce qui le concernait, la responsabilité de la prise de la Guadeloupe, mais, la paix survenant, à obtenir coup sur coup les grâces les plus flatteuses et les plus désirables : pension de 12000 livres, grade de chef d'escadre des Armées navales, érection en marquisat, sous le nom de la Ferté-Beauharnais, de la châtellenie, terre et seigneurie de la Ferté-Aurain en Sologne. Qu'eût-on fait de plus, en vérité, si, au lieu de perdre une colonie, il l'avait conquise ou simplement conservée ?

Que M. de la Pagerie pût à son tour compter sur la protection du nouveau marquis, comment en douter ? A son arrivée en France, Mme Renaudin s'était, dit-on, placée quelque temps dans un couvent rue de Grenelle-Saint-Germain ; puis elle avait pris un appartement rue Garancière ; et enfin, à Paris comme à la campagne, elle s'était mise à vivre publiquement sous le même toit que M. de Beauharnais, tandis que Mme de Beauharnais qui, au début du moins, ne semblait point avoir de soupçons, qui, sans doute, avait la première attiré à Fort-Royal Mlle de la Pagerie et s'était plu en sa compagnie, qui même, dans la première année de son retour, avait encore des illusions, contrainte à la fin d'ouvrir les yeux, se retirait près de sa mère, à Blois, d'où elle venait de temps en temps faire quelque court séjour à Paris. Ce fut dans un de ces voyages qu'elle mourut, le 5 octobre 1767.

Désormais, Mme Renaudin était, sans lutte possible, l'unique maîtresse : elle n'avait pas seulement la main sur le marquis, mais sur sa maison et sur ses fils, sur Alexandre surtout qui, demeuré à la Martinique sous la garde de Mme Tascher, était plus spécialement son pupille. Elle s'était impatronisée et, en femme de tête, elle prétendait se maintenir à perpétuité en possession de cette fortune où elle était installée. Pour cela, il lui fallait des appuis dans la place : il fallait qu'elle créât des obligations à la seconde génération : à Paris, elle était isolée, ne voyait personne, n'avait personne pour lui prêter aide et secours ; mais, là-bas, elle avait sa famille, frères, belles-sœurs et nièces, et ce fut de là qu'elle demanda des alliés, et ce fut avec de si médiocres moyens que son génie d'intrigue forma un plan qui devait, en assurant le sort des siens et son propre avenir, lui donner bien de l'argent et lui rendre même quelque considération.

V

ENFANCE ET JEUNESSE DE JOSÉPHINE

V

ENFANCE ET JEUNESSE DE JOSÉPHINE

La pension de 450 livres que M. de la Pagerie avait obtenue de la Cour venait d'autant mieux que dans la nuit du 13 au 14 août 1766, un ouragan avait presque détruit son habitation. La maison fut ruinée, les plantations dévastées, sort commun d'ailleurs à l'île entière, où les pertes furent immenses. Quatre-vingts navires grands et petits furent jetés à la côte, quatre cent quarante personnes tuées, cinq cent quatre-vingts blessées. Ce fut un désastre. Aux Trois-Ilets, seul le bâtiment de la sucrerie résista; on s'y installa tant bien que mal. Les ressources qu'a M. de la Pagerie ne lui permettront pas durant vingt-cinq ans de rétablir une maison. C'est dans la sucrerie, à laquelle on a seulement ajouté une galerie du côté du sud et où l'on a disposé des chambres dans la partie supérieure, que l'on vit. La mer tout près, mais qu'on ne voit pas; à un quart de lieue, le village, une cinquantaine de petites maisons en bois autour d'une chapelle; çà et là quelques habitations; la plus proche à un M. Marlet; Fort-Royal de l'autre côté de la large baie, loin, loin !

C'est là que Joséphine est nourrie par une mulâtresse appelée Marion, qui, plus tard affranchie par ordre de l'Empereur, reçut une pension annuelle de 500 francs, portée à 1 200 sur les instructions formelles de Napoléon [1]; c'est là qu'elle grandit en pleine liberté jusqu'à l'âge de dix ans. La flânerie dans les ombres profondes que font les immenses manguiers, au-dessus du ruisseau clair où l'on prend son bain; les longues admirations de soi, l'étude de son corps, et des mou-

---

[1] Voici le texte de ce brevet en date du 20 septembre 1807 :

TRÉSORERIE GÉNÉRALE DE LA COURONNE

Brevet d'une pension de 1 200 francs en faveur de demoiselle Marion, mulâtresse libre de la Martinique.

Napoléon, empereur des Français, roi d'Italie, protecteur de la Confédération du Rhin.

Voulant récompenser les soins que la demoiselle Marion, mulâtresse libre de la Martinique, a donnés à Notre Épouse bien-aimée l'Impératrice des Français, reine d'Italie, dans sa plus tendre enfance,

Nous lui avons accordé et accordons par les présentes une pension annuelle de douze cents francs pour en jouir sa vie durant.

Mandons et ordonnons en conséquence au sieur Estève, trésorier de Notre Couronne, de faire payer sur les fonds de Notre Trésor, à demoiselle Marion, ladite pension de douze cents francs de trois mois en trois mois, à dater du 1er janvier 1808, sur la remise d'un certificat de vie et à la présentation du présent brevet signé de Notre main et visé de l'archichancelier de l'Empire faisant les fonctions de chancelier de Notre Palais impérial.

Signé : NAPOLÉON.

Par l'Empereur :

Vu : l'Archichancelier de l'Empire,
Signé : CAMBACÉRÈS.

Le Trésorier général de la Couronne,
Signé : ESTÈVE.

vements de grâce qu'on lui peut donner; le continuel
bavardage, flatteur, adulateur, tendre pourtant, des
mulâtresses et des négresses, qui, de bonne foi, louent
la beauté de la petite maîtresse et l'exaltent, disent des
histoires, racontent les nouvelles des habitations voisines, tout un fatras de riens dont se fait la vie; point
de souci d'existence, point de lutte pour en conquérir
le nécessaire; en ce climat béni, point de froid à
craindre, point de faim à satisfaire : des fruits, l'eau du
rocher, c'est assez : mais des fleurs, des cailloux
brillants, des coquillages aux vives couleurs, de tout
ce qui sert à se parer, l'on n'en a jamais assez et, longuement, pour l'unique plaisir de ses yeux, l'enfant
blanche, au milieu des noires attentives passe les heures
à regarder dans le miroir du ruisseau comme sied à
ses yeux, à son teint, à ses cheveux, une couleur, un
reflet, une façon de coiffure, une expression de sourire.
Et, sur toute sa personne qui ignore la pudeur, elle
mène ainsi son enquête paresseuse, durant que, lui
chantant des chansons créoles, conjurant pour elle les
sorts ou lui prédisant des avenirs prestigieux, les
négresses lui font une cour. Comme, en une telle existence, entre peu l'âpre souci du lendemain dont souffrent
et pour lequel s'agitent les gens du nord! On se
berce de rêves, dont la lumière satisfait; et on laisse
les jours présents couler dans leur oisiveté chaude.
Toutes choses de nature deviennent plus sensibles,
plus intimes à qui vit ainsi, pénètrent plus profondément. Les fleurs, les oiseaux, les plantes, les animaux
s'associent à l'existence. Ce n'est point de l'humanité,

les nègres : si au-dessous du blanc, si loin! Mais, dans cette grande animalité — pour qui l'on est doux d'ordinaire, avec des violences, à des jours, et, alors, cette sorte de folie de coups qui monte au cerveau de quiconque commence à frapper — on les aime, comme le reste, pour la commodité, pour l'utilité, pour l'agréement; mais on ne leur donne rien du cœur, rien de tendresse, et, comme des fleurs flétries, on les jette lorsqu'ils cessent de plaire. Si sûre que soit la négresse ou la mulâtresse, qui sert de nourrice, de bonne à l'enfant blanc, elle ne saurait jamais prendre une supériorité, donner une direction, faire faire quelque chose, *commander* l'enfant, elle est esclave. De là, à mesure que l'enfant perçoit des sensations et en reçoit des idées, une conscience de sa valeur, de sa puissance, de son autorité, de son droit, la certitude qu'il n'est inférieur à rien et qu'il est égal à tout. Mais, en même temps, s'il établit des rapports et noue des relations avec des enfants blancs qu'il considère comme possédant virtuellement une noblesse égale à la sienne, une politesse, une grâce, une gentille façon de parler et d'agir qui ne tient point à l'éducation, ne semble point apprise, résulte autant de la confuse impression de ce qu'il doit à des pareils, que du besoin qu'il éprouve de déployer la joliesse des mouvements, la suavité de la voix, l'élégance du corps, longuement étudiées. Car les êtres vraiment aimables et qui, dans la société, se montrent toujours tels, le sont surtout parce qu'il leur sied d'être aimables, bien moins pour plaire aux autres que pour se plaire.

Et c'est bien ainsi, semble-t-il, de Joséphine : cette sorte d'apprentissage de sa coquetterie en pleine indépendance ; nulle autre société que les mulâtresses de l'habitation, qui la regardent et l'admirent ; nulle culture intellectuelle, morale, ou religieuse ; une mère, une grand'mère, des tantes qui la laissent se développer à sa guise ; point d'argent, mais pas de besoins. On a prétendu que M. de la Pagerie possédait cent cinquante nègres, jouissait de quelque 50 000 livres de rente, tenait table ouverte, représentait magnifiquement. Ah ! le pauvre homme ! Comment eût-il fait en cette purgerie qui lui servait de demeure, n'ayant pas même de quoi construire une maison ! Quinze à vingt nègres, des dettes écrasantes, — peut-être, quand même, la folie du jeu : sûrement l'amour des femmes de couleur (témoin cette sœur naturelle de Joséphine qu'on vit plus tard aux Tuileries), voilà sa vie. Il reste peu aux Trois-Ilets, semble plus souvent à Fort-Royal ou à Sainte-Lucie où l'on dit qu'il a des propriétés. — A la vérité, l'on ne trouve point son nom parmi les deux cent trente-huit habitants principaux de cette île qui, quelques années plus tard, fondent une association coloniale en vue d'ouvrir un commerce direct avec la métropole, mais M. de la Pagerie a sans doute une raison d'y être puisqu'on lui a conféré le grade de capitaine des dragons de la milice, ce qui implique des propriétés et, aux termes du règlement de 1768, une résidence continue : mais qu'étaient les dragons de Sainte-Lucie ?

Voici pourtant que Joséphine — Yeyette comme

on l'appelle — marche sur ses dix ans et l'on songe qu'il faut lui apprendre les belles manières ; c'est pourquoi on la met en pension à Fort-Royal chez les Dames de la Providence. Mme Tascher, la mère, veuve depuis 1767, continue à résider à Fort-Royal, avec sa fille Rosette de la Pagerie [1], et c'est chez elle que sortira, peut-être que vivra Joséphine. L'institution des Dames de la Providence est bien moins en faveur dans la colonie que celle des Ursulines de Saint-Pierre ; mais on n'a pas le choix : à en croire leur programme, on apprend d'ailleurs chez elles tous les arts libéraux et autres : de fait, un très médiocre enseignement primaire, à quoi l'on ajoute un peu, fort peu de musique et de danse. Vers la quinzième année, l'on juge l'éducation de Yeyette terminée et elle rentre aux Trois-Ilets. Faut-il croire que, dès ce moment, elle est coquette? que Tercier, alors capitaine au régiment de la Martinique, qui se flatte de ne lui pas avoir été indifférent, ne ment pas à cette page de ses mémoires ? Faut-il retenir quelque chose de l'histoire étrange de cet Anglais qui, dans sa prime jeunesse, aurait connu et aimé Joséphine, qui resta fidèle à ce souvenir, au point de ne vouloir jamais se marier, et qui, en 1814, possesseur d'une fortune considérable, parvenu au grade de général, écrivit à l'Impératrice qui se souvint de lui et le fit inviter à dîner à Malmaison. Mais, au jour fixé, Joséphine était

---

[1] Morte seulement le 1er octobre 1807, ayant vécu fort gênée, fort pauvre, malgré divers secours de l'Empereur et laissant 20 000 francs de dettes.

malade, alitée, mourante et l'Anglais ne la revit jamais...

Pour la coquetterie, en vérité, qui peut douter qu'elle existe : n'est-ce pas d'instinct que la femme veut plaire? n'y prétend-elle point dans l'inconscience de ses primes années et n'est-ce pas là tout le but de sa vie? Mais combien plus, lorsque l'unique étude de la femme a été la mise en valeur de ses agréments, lorsque l'existence même qu'elle a menée, la société où elle a vécu, les flatteries qu'elle a reçues, ne lui ont pas permis de donner à son esprit un autre aliment, à son cœur un autre but, à son oisiveté une autre distraction?

Et pourtant, qui sait? même de bonne foi lorsqu'ils ont écrit et parlé, Tercier et l'Anglais restaient-ils dans la vérité? N'est-il pas habituel qu'à l'âge mûr, l'on s'imagine avoir aimé toute femme qu'on a rencontrée dans l'enfance, et ce sentiment ne se double-t-il point de vanité lorsque la femme est aux sommets où est montée Joséphine? Avoir été le premier amant d'une Impératrice-Reine, cela n'est-il point rare et ne convient-il pas de rester sur un tel souvenir? Ne faut-il pas s'en parer? Ne peut-on, même s'il est inexact, et qu'on l'ait seulement imaginé, en tirer l'agrément vaniteux d'une longue vie? Et, pour la femme même, si confus qu'un tel amour puisse être en sa mémoire, ne se plaît-elle pas à l'idée qu'elle en a été l'objet, ne se trouve-t-elle pas ainsi reportée aux jours à jamais regrettés, n'est-elle pas flattée d'un hommage qui, en elle, s'adresse, non à la souveraine, non à la femme qu'elle est, mais à la jeune fille qu'elle a été, tel qu'ainsi, l'accompagnant à travers toutes ses fortunes, il semble lui rendre la joie de ses quinze ans?

Et s'il faut ainsi s'expliquer, c'est qu'en ce temps, Joséphine n'est point arrivée à sa beauté : une belle peau, de beaux yeux, de jolies extrémités, mais le corps lourd et sans grâce, la taille épaisse, une figure large, sans traits, avec un nez relevé et commun, rien de ce qui fera sa séduction et explique son triomphe. Jeune fille, telle que ses parents eux-mêmes la dépeignent, elle ne donne nulle idée de ce qu'elle sera plus tard, de ce qu'elle se fera par coquetterie, par désir, volonté, habitude de plaire. Son esprit n'est guère cultivé, mais, au couvent elle doit au moins une écriture assez élégante et une orthographe qui à ce moment n'est guère plus incorrecte que celle de ses contemporaines. Elle n'a point manqué d'entendre sa grand'mère, sa tante, son père, sa mère, parler des lointains parents, raconter les familles, dire les alliances où l'on s'accroche comme à des espoirs; puis, on a énuméré devant elle les grands seigneurs de France qui ont quelque rapport avec les Iles, y ont des possessions, y ont pris femme, — c'est toute la Cour — et son imperturbable mémoire a retenu tous ces noms, tous ces rapports que ces êtres inconnus ont formés les uns avec les autres. Cela est une science et peut-être la plus nécessaire qui soit en une société polie. Elle a un filet de voix et chante en s'accompagnant de la guitare. Elle danse médiocrement, n'ayant eu qu'un mauvais maître, mais ne demanderait qu'à apprendre. D'ailleurs, fort douce de caractère, toute soumise à ses parents, tout aimable, toute prête à obliger, à s'empresser même, n'était sa paresse native, son bonheur à se tenir étendue et à rêver.

VI

ALEXANDRE DE BEAUHARNAIS

VI

ALEXANDRE DE BEAUHARNAIS

Durant que Joséphine mène cette vie aux Trois-Ilets et à Fort-Royal, qu'est devenu Alexandre de Beauharnais?

Plusieurs années, il est resté aux mains de Mme Tascher la mère : et l'on peut croire que ce fut seulement à la mort de Mme de Beauharnais qu'on songea à le faire revenir de la Martinique. On peut même fixer approximativement son retour vers la fin de 1769. Il se trouve en effet, aux registres paroissiaux de l'église Saint-Sulpice de Paris, un acte de baptême, en date du 15 janvier 1770, s'appliquant à Alexandre-François-Marie, né à la Martinique le 28 du mois de mai 1760, sur la paroisse de Saint-Louis du Fort-Royal, *ondoyé* le 10 juin de la même année par le frère Ambroise, capucin, curé. Les cérémonies du baptême lui sont donc suppléées dix ans seulement après l'ondoiement; mais, paraît-il, cet ondoiement est inscrit comme baptême aux registres de Saint-Louis. S'il en est ainsi et que le baptême ait été réitéré, est-ce, de la part des parents, négligence, indifférence ou intérêt? Ne savent-ils pas que, pour les canonistes, « la réitération du baptême est un crime si énorme qu'il est appelé dans le droit : *Res nefanda, immanissimum scelus?* » N'ont-ils vu là qu'une facilité pour se procurer les extraits toujours requis? Ou peut-on penser qu'il existe une autre raison moins avouable?

En tout cas, c'est Mme Renaudin, « *haute et puissante dame* Marie-Euphémie-Désirée Tascher de la Pagerie, épouse de M. Renaudin, écuyer, ancien major de l'île de Sainte-Lucie », que donne pour marraine à son fils, « haut et puissant seigneur messire François de Beauharnais, chevalier, marquis de la Ferté-Beauharnais, baron de Beauville, seigneur de Mauroy, Prouville, etc., etc., chevalier de l'ordre royal militaire de Saint-Louis, gouverneur général des îles du Vent de l'Amérique, chef d'escadre des Armées navales », en lui associant pour parrain, « haut et puissant seigneur messire François-Marie Pyvard, chevalier, seigneur de Chastulé, chevalier de l'ordre royal militaire de Saint-Louis, capitaine aux Gardes françaises ».

Il faut pourtant songer à l'instruction du nouveau baptisé, car ce n'est point à la Martinique qu'il a pu recevoir une éducation bien complète. Sans doute, il rejoint quelque temps son frère aîné au collège du Plessis, devenu, depuis son rétablissement par Richelieu, grâce à l'administration des deux abbés Gobinet, le rival de Louis-le-Grand, « le collège qu'ont fréquenté les enfants des familles riches qui ne voulaient point entendre parler des Jésuites », et demeuré, après la fermeture et la réorganisation de Louis-le-Grand, presque le seul établissement d'instruction secondaire où les jeunes gentilshommes trouvent, avec la discipline appropriée, un enseignement de haut vol et une société de leur goût.

Les jeunes Beauharnais y ont conservé, comme d'usage, leur précepteur particulier, M. Patricol, ancien professeur de mathématiques, et ne prennent des classes que ce qui leur convient : bientôt d'ailleurs, ils sont, par leur père, envoyés, avec Patricol, à l'Université de Heidelberg où, pour apprendre la langue allemande, ils font un séjour de près de deux années. Ensuite, à diverses reprises, on rencontre Alexandre à Blois, chez sa grand'mère, Mme Pyvart de Chastulé, laquelle semble avoir pris son parti des relations de son gendre avec Mme Renaudin au point d'entretenir avec elle une sorte de correspondance ; seul moyen peut-être qu'elle ait trouvé d'obtenir près d'elle ses petits-fils.

En 1774, l'aîné des Beauharnais étant entré au service, Patricol est engagé, par le duc de la Rochefoucauld, pour servir de précepteur aux deux fils de sa sœur, Rohan-Chabot, et il amène avec lui Alexandre ; c'est de cette façon que celui-ci se trouve passer à la Roche-Guyon une partie de sa jeunesse, les années sans doute les plus intéressantes au point de vue de la formation intellectuelle et morale ; c'est comme commensal, comme compagnon de jeux et d'études des jeunes Chabot, nullement comme parent, comme on a dit — car ce ne sera qu'en 1788 qu'il y aura alliance entre une Pyvart de Chastulé et un la Rochefoucauld et, jusque-là, il n'y a, semble-t-il, nul rapport[1] et, à coup sûr, nulle parité. — C'est comme élève de M. Patricol qu'il acquiert la protection du grand seigneur qui lui donne asile, et qu'il contracte les opinions libérales, philanthropiques et philosophiques que ne saurait manquer de répandre autour de lui le fils de la duchesse d'Auville, le fondateur de la Société des Amis des Noirs, « le Coryphée de la Secte ».

Nul homme meilleur, nul plus disposé à bien faire, nul esprit plus faux ; un cerveau médiocre, où s'est élaboré, au milieu des causeries des économistes et des philosophes, un rêve d'âge d'or; un cœur excellent qu'ont séduit les théories de Raynal, de Jean-Jacques et de l'abbé Morellet ; une intelligence trop peu exercée pour prévoir les conséquences de ces doctrines, pour juger que leur application conduit la Royauté à sa ruine, la Noblesse à sa destruction, la Nation à la guerre civile, entraîne la perte des colonies, et, dans la destruction de la Société même, ne laisse au peuple pour unique salut que la dictature militaire.

---

[1] Sans doute je n'ai trouvé nulle alliance, nulle parenté, si loin que j'aie poussé la recherche, mais un scrupule me vient de ce prénom d'Alexandre, inconnu jusque-là dans la famille Beauharnais et si habituel chez les La Rochefoucauld. Ce très léger indice n'est-il pas de nature à faire supposer une liaison antérieure au départ de M. de Beauharnais pour la Martinique? Faut-il en induire une sorte de patronage, même une lointaine attache de famille ? Le maréchal de Castellane dont le père avait épousé la veuve du duc de La Rochefoucauld parle de protection, nullement de parenté, et, jusqu'à preuve du contraire, je crois qu'il s'en faut tenir là.

Quelle influence un tel milieu ne doit-il pas exercer sur un tout jeune homme, qui arrive des universités d'Allemagne, ces universités où l'on rêve de *Werther*, où se préparent les *Brigands*, manifestation à ce point éclatante qu'elle ne saurait être individuelle, qu'elle paraît la résultante des opinions collectives, interprétées par un homme de génie.

Et, de là, il tombe à la Roche-Guyon, dans ce château ducal, où, à l'agrément exquis d'une grande vie, opulente, aristocratique, raffinée, se mêle comme une élégance nouvelle, l'exposé de doctrines d'égalité devant la loi, d'égalité devant la couleur, de bienveillance et de philanthropie. Quoi de mieux séant à un duc et pair que de se dire démocrate, de se croire tel au fond du cœur ? Perd-on quoi que ce soit de ses dignités et de son prestige, et n'est-il point facile de disserter ainsi sur la fraternité, quand on se tient au moins pour l'aîné de la famille ? Sans péril immédiat pour qui les professe, même pour qui les met dans une mesure en pratique, ces théories sont-elles aussi innocentes pour les auditeurs s'ils les prennent sincèrement au sérieux, s'ils sont tentés de passer à l'application et surtout s'ils remplacent cet orgueil de race que tempère une bienveillance générale, par une conviction de leur valeur personnelle qui a pour corollaire la haine de toute supériorité sociale ? Or, cette conviction, Alexandre ne manque point de l'acquérir par le fait même de son éducation, par l'avantage qu'il prend dans les études sur les jeunes Chabot, par l'espèce d'infériorité sociale où il se trouve, par l'habituelle société, la confidence où il vit avec ce Patricol, pion haineux, qui, en périodes redondantes, disserte des vertus, s'indigne des vices, prêche l'égalité, admire la nature et porte partout la certitude de ses mérites et la fureur qu'ils ne soient point reconnus. Ce précepteur, qui a lu l'*Emile*, ne peut manquer d'avoir retenu le *Contrat social*. Et c'est là une nourriture que les jeunes gens n'absorbent pas impunément : d'autant plus séduisantes qu'elles sont alors dans leur nouveauté et leur mode, les doctrines politiques, sociales, morales de Jean-Jacques, s'imposent à la raison par leur apparente rectitude, à l'imagination par leur éloquence, à la conscience même par la justification qu'elles prêtent à la passion. Chaque enfant qui aura été Emile, pensera, jeune homme, être Saint-Preux, et, en même temps, méditera des lois et posera des principes. Comme il ne sera point Rousseau et n'aura point de génie, il n'aura gardé du style du maître qu'une phraséologie tournée en déclamation, mais cette déclamation, il y croira, au point de donner parfois sa vie pour elle.

Ce milieu, cette éducation, c'est tout Alexandre, c'est le vêtement qu'il revêt en ces années et qui collera à sa chair de façon à n'en plus être arraché. Il y manquerait pourtant le *sentiment*, mais il a pour ce rôle Mme Renaudin. Qu'Alexandre soit à Heidelberg, à Blois ou à la Roche-Guyon, elle ne le perd point de vue. Elle est à son sujet en correspondance avec Patricol et avec Mme de Chastulé, la grand'mère. Elle le nomme son cher filleul ; il l'appelle sa bonne, sa chère marraine; il lui dit « qu'elle lui tient lieu de mère et qu'il l'aime aussi tendrement que si elle l'était », et c'est en même temps des compliments de pédantisme où l'on sent la lourde main de Patricol. « Continuez toujours de m'écrire, ma chère marraine, écrit ce garçon de quatorze ans, et soyez sûre de me faire un très grand plaisir et de former mon style; il en a bien besoin et c'est sur vos lettres que je prendrai leçon : Mme de Sévigné ne me sera plus nécessaire. »

Nul soin que ne se donne Mme Renaudin pour s'assurer sur ce jeune homme une influence analogue à celle qu'elle a prise sur le père : c'est que, dans le plan qu'elle a formé, Alexandre tient le principal rôle. La grande aisance dont on jouit dans la maison tient bien moins à la fortune du marquis qu'à celle que les fils ont héritée de leur mère et, dans l'avenir, elle s'accroîtra encore. Point de compte à faire sur celle de l'aîné : il n'a jamais vécu dans la maison, s'est émancipé, mène la vie large, avec les vices qu'elle entraîne. Point à penser qu'on le retiendra; seulement, par de bons procédés, en payant opportunément des dettes de jeu, on l'adoucira, on empêchera qu'il se déclare adverse, qu'il n'agisse sur son frère, car que resterait-il si celui-là aussi s'échappait?

Sans doute, *du produit de ses diamants*, — c'est de style en ce temps, lorsque, dans un contrat, une femme ne veut point dire d'où elle tire l'argent qu'elle emploie — Mme Renaudin a acheté, à Noisy-le-Grand, vis-à-vis la ferme des religieux de Saint-Martin, une maison avec cour, basse-cour, écuries, remises, jardin potager et autres dépendances ; mais cette maison qu'elle a payée 33 000 livres à la comtesse de Lauraguais, le 18 octobre 1776, n'a de rapport que sur dix-neuf arpents en trois pièces. Cela ne fait pas 500 livres de rente. C'est d'ailleurs ici un revenu singulièrement fragile et, s'il fallait y compter pour l'entretien, que ferait-on ?

Il est vrai que, dans cette maison, Mme Renaudin a des meubles. Elle en a tant et tant que tantôt elle dira en avoir pour une trentaine de mille livres ; mais peut-elle vivre sans ces meubles, et à liquider, que rapporteraient-ils ? Qu'est-ce d'ailleurs que tout cela pèse en balance avec les 50 000 livres de rente d'Alexandre ?

Mais le père n'a donc point de fortune, nul moyen ? Il a hérité de sa grand'mère, remariée à ce Charles de Beauharnais, duquel il a pris le titre de baron de Beauville ; mais le titre est nu, les terres sont restées en Acadie, devenue anglaise grâce à des guerriers de la valeur et de la probité de notre marquis et le mieux qu'il y ait dans la succession est un hôtel rue Thevenot où Charles est mort et où sa veuve a habité jusqu'à son dernier jour. La terre de la Ferté-Aurain, ce marquisat de Beauharnais, qu'est-ce que cela rapporte ? Trois mille livres ; la seigneurie de Mauroy-Prouville moins encore ; restent les terres de Saint-Domingue : trois habitations, une à Léogane, une à L'Acul, la troisième à la Ravine ; elles sont indivises entre le marquis et son frère cadet, celui qu'on appelle le comte des Roches-Baritaud, mais soit que le marquis ait employé pour le mettre en valeur l'argent de ses fils, soit qu'il leur ait emprunté sur sa part, toujours est-il que seuls les fils paraissent et agissent en propriétaires. Quelque argent comptant, la pension qu'il reçoit du Roi, des terres qu'il achève d'hypothéquer, des contrats qu'on aliène successivement et dont l'argent passe de la main à la main, telle est la fortune du marquis, et si, à une dame de bon appétit telle qu'est Mme Renaudin, elle a suffi jusqu'ici, c'est à condition d'en manger le fonds avec le revenu.

VII

LE MARIAGE

VII

LE MARIAGE

A peine Alexandre a-t-il atteint ses dix-sept ans, à peine a-t-il, par la protection du duc de la Rochefoucauld, colonel du régiment de la Sarre-infanterie, obtenu une sous-lieutenance, que Mme Renaudin entend le marier à son gré, à sa guise et pour sa propre utilité. On ne consulte point le jeune homme qui est tout à sa joie de sortir de pages, qui, ayant obtenu de son protecteur qu'on lui compte pour services le temps qu'il a été inscrit à la première compagnie des Mousquetaires (10 mars 1774-15 décembre 1775) n'a eu qu'à paraître comme cadet pour être sous-lieutenant à prendre rang de ses seize ans (8 décembre 1776). Alors, il a quitté la qualification de chevalier qu'on donne à tous les cadets de famille, pour le titre de vicomte — à qui l'on chercherait vainement une apparence de justification dans les titres portés et les terres possédées par les différents membres de la famille. Mais, depuis 1774, l'on est entré dans l'anarchie et, soi-disant pour plaire à la Reine, chaque gentilhomme s'affuble d'un titre ; vicomte est à la mode, il est joli et rare et sonne la vieille noblesse. Sans doute Alexandre a l'esprit philosophique et professe le mépris des titres, mais cela n'empêche point d'en prendre, et pour qui compte tenir ses garnisons en éveil par son élégance et ses fredaines, une vicomté, même imaginaire, est un trésor. Au surplus, dans la famille Beauharnais, pour ce genre de choses, on eut toujours la manche large : à ce temps d'Alexandre, ils ne sont pas moins de deux à porter le titre de chaque terre régulièrement érigée : deux marquis pour l'unique marquisat de la Ferté-Beauharnais dans la branche aînée ; deux comtes, dans la branche cadette, pour l'unique comté des Roches-Baritaud. Le vicomte est au moins seul de son espèce et s'il n'y a point de vicomté, qu'importe ? Aussi bien peut-être en est-il une, en Canada, aux environs de la baronnie de Beauville.

Leste, pimpant, tout clair en son habit uniforme de drap blanc, à revers et parements gris argentin, le vicomte s'en vient de Noisy à Rouen où son régiment arrive justement de la garnison de Lille. Il fait ses exercices, il se perfectionne aux mathématiques et à l'équitation, il prend l'air du métier, il se donne des allures de conquête. Quant au mariage, rien certes n'est plus loin de son esprit, mais Mme Renaudin y pense pour lui.

Lorsqu'il arrive pour passer un semestre à Noisy, elle s'arrange si bien que, pour acquérir la bienveillance de celle qui tient sa bourse, être plus vite émancipé et jouir de la fortune de sa mère, Alexandre consent à tout. Aussitôt, le travail est repris sur le marquis qui, le 23 octobre 1777, écrit cette lettre à M. de la Pagerie : « Mes enfants jouissent à présent de quarante mille livres de rente chacun. Vous êtes le maître de me donner Mademoiselle votre fille pour partager la fortune de mon chevalier : le respect et l'attachement qu'il a pour Mme de Renaudin lui fait désirer ardemment d'être uni à une de ses nièces. Je ne fais, je vous l'assure, qu'acquiescer à la demande qu'il m'en fait en vous demandant la seconde, dont l'âge est plus analogue au sien.

« J'aurais fort désiré que votre fille aînée eût quelques années de moins, elle aurait certainement eu la préférence puisqu'on m'en fait un portrait également favorable, mais je vous avoue que mon fils, qui n'a que dix-sept ans et demi, trouve qu'une demoiselle de quinze ans est d'un âge trop rapproché du sien. Ce sont des occasions où des parents sensés sont forcés de céder aux circonstances. »

Le marquis ne demande pas que M. de la Pagerie fournisse une dot, Alexandre, outre les 40 000 livres de rente qu'il a de sa mère, en a encore près de 25 000 à attendre. Ce qu'il faut, c'est que M. de la Pagerie se hâte d'amener sa fille en France, et, s'il ne peut venir lui-même, qu'il la confie à une personne sûre et l'envoie par un navire de commerce « où elle aura une traversée plus commode et plus agréable ».

A cette lettre du marquis — à ces lettres plutôt,

car il y en a une pour M. de la Pagerie, une pour Madame, une pour l'oncle, le baron de Tascher — Mme Renaudin en joint une de sa main. Elle se chargera de sa nièce, lui tiendra lieu de mère, complétera son éducation. Qu'on la lui envoie seulement ! Le jeune homme à tout pour plaire : « figure agréable, taille charmante, de l'esprit, du génie, et, ce qui est d'un prix inestimable, toutes les qualités de l'âme et du cœur sont réunies en lui : il est aimé de tout ce qui l'entoure ». On ne cherche point de dot ; si M. de la Pagerie veut faire quelque chose pour le mariage, ce sera assez qu'il promette une rente dont il gardera le capital.

Cette lettre est en date du 23 octobre ; or le 16, aux Trois-Ilets, la deuxième fille de M. de la Pagerie, Catherine-Désirée, celle que Mme Renaudin trouvait, avec ses treize ans, en rapport d'âge avec Alexandre, a été enlevée par une fièvre maligne. Le 9 janvier 1778, M. de la Pagerie annonce cette mort au marquis, mais le projet de mariage lui sourit trop pour qu'il pense à le rompre : à défaut de sa fille cadette, il offre la troisième, Marie-Françoise, qu'on appelle Manette dans la famille. Elle n'a que onze ans et demi, mais c'est tant mieux, car on pourra lui donner en France une belle éducation. Néanmoins, si on acceptait l'aînée, ce serait plus simple : elle a une fort belle peau et de très beaux bras, elle désire infiniment venir à Paris. Peut-être se décidera-t-il en ces conditions à amener, au mois d'avril ou de mai, ses deux filles afin que l'on choisisse entre elles. Ce lui sera d'ailleurs une occasion de consulter les médecins et de solliciter, de la Cour, « les grâces qu'il doit attendre ».

Ce que prétend Mᵐᵉ Renaudin, c'est qu'Alexandre épouse une de ses nièces; elle ne tient pas plus à l'une qu'à l'autre, à celle de onze ans qu'à celle de quinze. Sans se perdre en regrets inutiles sur la petite morte : « Arrivez avec une de vos filles, avec deux, répond-elle à son frère le 11 mars 1778; tout ce que vous ferez nous sera agréable. *Il nous faut une enfant à vous.* » Est-ce si fort le désir d'Alexandre ? Il a accepté la fiancée de treize ans et demi, parce que c'était le mariage immédiat, l'émancipation par suite et la jouissance entière de sa fortune; mais, pour cela même, la fiancée de onze ans et demi lui paraît un peu verte et il en préférerait une plus immédiatement épousable. Ce qu'il aimerait mieux encore, ce serait n'épouser point. De Rouen, son régiment est venu à Morlaix, à cause de la guerre renouvelée avec l'Angleterre; Alexandre l'y a rejoint, il fait du service, pense à la gloire et ne se soucie point de prendre femme.

On ne voit pas sans doute qu'il ait sollicité de faire partie des piquets embarqués, durant la guerre maritime, pour faire la garnison des vaisseaux ; il y avait des piquets commandés par des lieutenants et des capitaines, sur l'*Amphyon* et le *Diadème* qui prirent part au combat d'Ouessant; il y en avait sur le *Triton*, le *Caton*, le *Citoyen*, le *Conquérant* qui, sous le comte de Guichen et le comte de Grasse, combattirent glorieusement les Anglais sur toutes les mers. Six cent trente hommes du régiment étaient détachés au service de la marine, mais soit malchance, soit trop active protection du colonel, Alexandre n'y fut jamais employé.

Les lettres courent durant ce temps : en voici une que M. de la Pagerie écrit le 24 juin en réponse à celle du 11 mars : il a bien préparé sa fille Manette à venir en France ; mais il n'a passé que très peu de temps au Trois-Ilets, d'où il a été obligé de retourner à Sainte-Lucie ; lorsqu'il en est revenu, il a trouvé sa fille si bien sermonnée par sa mère, qu'elle ne veut plus entendre à un départ ; d'ailleurs, elle sort à peine de trois mois de fièvres, et, d'accord avec mère et grand'mère, elle se refuse à les quitter. « *Si j'avais eu des moyens honnêtes pour le présent*, ajoute M. de la Pagerie, je partais et j'amenais l'aînée qui brûle de voir sa chère tante... Deux motifs m'ont arrêté pourtant : *point assez de moyens pour le présent* et quinze ans qu'elle a aujourd'hui. »

Cette confession faite à sa sœur, il écrit à M. de Beauharnais pour la lui renouveler : mais c'est avec l'offre pressante de son aînée qui a le plus vif désir d'aller en France, qui mérite la préférence par ses sentiments, un excellent caractère et une figure assez agréable ; seulement « elle est très avancée pour son âge ».

Avant que ces lettres des 24 et 25 juin aient pu parvenir à destination, le 28 juillet, M. de Beauharnais a écrit à M. de la Pagerie pour le presser de venir, car, dit-il, je pourrais mourir, « et alors, les tuteurs de mon fils, mineur de quatre ans [1] qui soupire après cette alliance, voudraient peut-être s'y opposer et lui en proposer une autre ». Il ne tient pas plus à une fille qu'à l'autre : « Celle que vous jugerez le mieux convenir à mon fils sera celle que nous désirons. » Et, pour plus de sûreté, afin de gagner du temps, sans même consulter son fils, le marquis envoie à M. de la Pagerie un pouvoir pour faire publier à la Martinique les bans du mariage : et, dans ce pouvoir, les noms et prénoms de la future épouse sont en blanc !

Les lettres de M. de la Pagerie des 24 et 25 juin arrivent en France tout au commencement de septembre. M. de Beauharnais les communique à Alexandre qui est toujours à son régiment, au Conquet, près de Brest, et Alexandre, bien qu'il n'y porte aucun enthousiasme, accepte de bonne grâce la substitution. Toutefois, il introduit une réserve : « Sûrement, écrit-il, votre intention n'est point de me faire épouser cette demoiselle si elle et moi avions réciproquement de la répugnance l'un pour l'autre. »

Armé de ce quasi-consentement, M. de Beauharnais répond le 9 septembre à la lettre du 25 juin. Plus d'incertitude, plus de difficulté : « C'est une de vos demoiselles que nous désirons. » Mme Renaudin insiste là-dessus et sur la nécessité de ne point perdre

---

[1] Il entend dire : qui a encore quatre ans de minorité.

de temps. « Hélas! que ne puis-je voler et vous aller chercher! Venez, venez, c'est votre chère sœur qui vous en conjure! »

Mais on est en pleine guerre : les Anglais menacent les Antilles; les créoles se présentent en foule pour servir ; le marquis de Bouillé, gouverneur des Iles du Vent, rassemble tous ses moyens pour reporter enfin aux colonies anglaises les coups que les nôtres ont trop souvent reçus; mais ces moyens sont des plus médiocres : à Sainte-Lucie, il n'y a qu'une garnison de cent soldats qui, avec quatre-vingts hommes de couleur soldés, cinq cents miliciens et une vingtaine de canonniers occupent le Morne-Fortuné, point central de la défense. Ce n'est guère le moment de s'en aller en France pour un homme qui s'est fait nommer capitaine des dragons de la milice et qui compte sur ce grade pour réclamer les grâces de la Cour. Si les Anglais prennent Sainte-Lucie — et c'est ce qui arrive le 28 décembre — qui s'occupera des intérêts de M. de la Pagerie, qui traitera avec les Anglais pour conserver l'habitation? Enfin, est-il prudent de se risquer sur mer avec une jeune fille, alors que, aux incertitudes de la traversée, vient s'ajouter le danger d'un combat possible et la crainte d'être pris par les Anglais? Ce seraient des raisons décisives pour tout autre que pour Mme Renaudin ; mais, à elle, il faut sa nièce, il la lui faut à tout prix ; bien plus que les Anglais, elle redoute « les menées de la parenté Beauharnais contre ses projets; d'autres partis considérables qui sont proposés à la famille ; l'ardeur du jeune homme qui peut se refroidir à force d'attendre ». Il n'y a qu'une solution, c'est que, à tout risque, sa nièce arrive.

Cette lettre est du 24 novembre 1778, et en août suivant, M. de la Pagerie n'est pas encore en France. Or, il se peut qu'on prépare à Brest une expédition et qu'Alexandre promu capitaine, toujours dans le régiment de la Sarre, le 3 juin 1779, se trouve, sous peine de déshonneur, obligé d'en faire partie. Le vicomte veut bien se battre, mais à bonne distance de France ; « c'est sur les côtes d'Angleterre qu'il voudrait se frayer un chemin vers la gloire, trop heureux, s'il pouvait un jour dater une lettre à Mme Renaudin de Portsmouth ou de Plymouth ». Quant à aller aux colonies, le seul endroit où l'on se batte, qu'on ne compte pas sur lui. « Son zèle, quoique bien grand, ne s'étend pas si loin. » Même, comme il attend toujours sa fiancée et qu'il serait malséant de ne point se trouver au rendez-vous qu'il lui a donné, il tombe fort opportunément malade et vient se faire soigner à Noisy. Il y est encore le 20 octobre quand Mme Renaudin y reçoit une lettre où M. de la Pagerie annonce qu'il a profité d'un convoi escorté par la frégate *la Pomone*, qu'il s'est embarqué avec sa fille sur la flûte du Roi, *l'Ile de France*, et qu'il est en France, à Brest, fort malade, fort éprouvé par une longue et terrible traversée où dix fois il a cru périr. On craint pour sa vie, et sa fille s'empresse à le soigner. Aussitôt, Mme Renaudin et Alexandre partent pour le joindre.

C'est ici la première entrevue entre Joséphine et

son futur mari, et celui-ci ne paraît point enthousiasmé. Dans les lettres qu'il écrit à son père, il se donne tâche de faire valoir sa fiancée comme si c'eût été le marquis qui dût épouser et non lui-même. « Mademoiselle de la Pagerie, écrit-il, vous paraîtra peut-être moins jolie que vous ne l'attendez, mais je crois pouvoir vous assurer que l'honnêteté et la douceur de son caractère surpassent tout ce qu'on a pu vous en dire. » Étrange forme d'amour chez un fiancé de dix-neuf ans car, il n'y a pas à y revenir, Alexandre est fiancé. Porteur des pouvoirs du marquis, M. de la Pagerie a fait publier les trois bans en l'église Notre-Dame de la Martinique les 11, 18 et 25 avril, il y a tantôt huit mois, et l'on n'a plus qu'à passer à l'église.

La voiturée — M. de la Pagerie, sa sœur, sa fille, et Alexandre — se dirige lentement sur Paris par Guingamp et Rennes. On arrive à la mi-novembre : on s'installe en l'hôtel de la rue Thévenot où le marquis vient à peine de s'établir — car on publie les bans du mariage en même temps à Saint-Sulpice dont dépendait l'ancien domicile, et à Saint-Sauveur dont dépend la rue Thévenot, — et Mme Renaudin, qui est une femme de tête, s'emploie à commander le trousseau pour lequel elle paye, de son argent ou de celui de M. de Beauharnais, la belle somme de 20.672 livres ; elle n'oublie rien et se trouve partout où il faut, car il convient que la Cour accorde enfin à M. de la Pagerie les grâces qu'il a si bien méritées ; et comme il est hors d'état de solliciter lui-même ou s'y prendrait mal, c'est

Mme Renaudin qui le supplée ; point de ministre, ni de premier commis qu'elle ne visite, et ne les trouvant pas, elle leur écrit et leur remet les lettres, les mémoires, les apostilles dont son frère a eu soin de se munir. Le tout est un peu endommagé, mais c'est une occasion d'attendrir : « Mon frère étant embarqué sur la flûte du Roi, *l'Ile de France,* vous savez dans quel état était ce vaisseau lors de son arrivée à Brest ; les papiers n'ont pas été à l'abri des voies d'eau ; vous en aurez la preuve par le paquet ci-joint que je vous envoie tel que je l'*est* tiré de la malle qui le renfermait. » Et pour montrer qu'ils ne sont point gens du commun, elle termine en disant : « Mon frère me charge de vous faire part du mariage de sa fille avec le vicomte de Beauharnais. Il sera bien flatté si vous voulez y donner votre attache. »

Cette lettre est du 7 décembre ; le 10, on passe le contrat rue Thévenot. Petit comité à la lecture : les deux pères, Mme Renaudin, le frère aîné d'Alexandre qui se dit marquis de Beauharnais et capitaine de dragons ; son oncle, Claude, comte des Roches-Baritaud, chef d'escadre ; le fils de ce Claude, appelé Claude de même et qualifié aussi Comte de Beauharnais ; enfin, un oncle à la mode de Bretagne, Michel Bégon, conseiller honoraire au Parlement de Metz, intendant de la Marine, le frère de ce premier commis qui fut au marquis un protecteur si particulièrement utile. C'est tout ; pas une femme du côté Beauharnais, ni la belle-sœur née Beauharnais, ni la tante née Mouchard, ni la cousine germaine, qui sera Mme de Barral. Du côté maternel, personne, pas même le parrain, l'oncle Chastillé.

Pour les Tascher, Louis-Samuel Tascher, prêtre, docteur de Sorbonne, prieur de Sainte-Gauburge, aumônier de S. A. S. Monseigneur le duc de Penthièvre, de même nom certes que la future, et son cousin, mais au dix-neuvième degré. Après, simplement, deux demoiselles Ceccony, Madeleine-Louise-Marguerite et Louise-Blanche, filles majeures, qui n'ont nulle parenté que l'on sache avec les Tascher et qui sans doute sont en liaison avec Mme Renaudin. Nul nom qui sonne, qui montre, comme il est d'usage, des protections, des relations, des alliances dont on se fasse honneur. Le moindre bourgeois qui se marie a au pied de son contrat des signatures plus brillantes.

Mais, à présent, le texte vaut qu'on s'y arrête.

Alexandre, comme a dit son père, possède environ quarante mille livres de rente. Cet apport provient des successions encore indivises entre son frère et lui, de sa grand'mère et de sa mère. Nulle désignation de biens, nulle évaluation. Cela ne sort pas des usages : on est d'ordinaire assez peu précis dans ces contrats où justement la précision paraîtrait le plus nécessaire. Autant qu'on en peut juger par des documents postérieurs, la fortune consiste surtout dans les propriétés à Saint-Domingue [1], représentant en 1779

---

[1] Il y a trois habitations, l'une desquelles : La Ravine, dont Alexandre est propriétaire pour un tiers, est vendue vers 1793 630 000 livres au citoyen Chaurand, négociant de Bordeaux. Mais l'argent en provenant est en grande partie déposé chez un sieur Corrant, banquier, qui fait faillite en 1794.

plus de 800 000 livres de capital, et il n'est pas indiscret de supposer qu'elles rapportent mieux que le vingtième denier. En France, on ne sait trop la valeur de ce que possède Alexandre : il eut, par la suite quelques terres autour de la Ferté-Aurain, mais c'étaient des biens nationaux ; il eut, en indivision avec son frère, le château et la terre même sur qui était établi le marquisat ; leur père les leur abandonna par acte du 16 août 1784, moyennant une rente viagère de 3 000 livres, et une rente perpétuelle de cinquante ; il eut encore quelques terres autour de la Ferté, mais achetées plus tard et non payées à sa mort : pour le moment, on ne lui voit que quelques morceaux de terre à Petit-Pont, aux Groix et à Vineuil et des contrats de rentes, qui furent aliénés par la suite ; tout cela est assez vague. Jusqu'à plus ample informé, il faut s'en tenir au chiffre brut.

Le marquis ne donne rien à cause du mariage.

La future apporte des effets mobiliers, d'une valeur de 15 000 livres, *restés à la Martinique* et provenant de cadeaux faits par différents parents, plus une dot constituée par son père de 120 000 livres argent, dont vingt mille doivent être remises pour être employées en linge, dentelles, habits et autres choses relatives au trousseau — on a vu que ç'a été Mme Renaudin qui a fourni ces 20 000 livres — et le surplus, portant intérêt au denier vingt, restera aux mains de M. de la Pagerie. C'est donc la promesse d'une rente de 5 000 livres pour le paiement de laquelle nulle garantie n'est fournie ; M. de la Pagerie s'engage de plus à conserver à sa fille sa part intégrale dans sa succession future.

Qui, en apparence, donna bien plus que M. de la Pagerie, c'est M°° Renaudin. Elle donna à sa nièce sa maison de Noisy-le-Grand, le mobilier la garnissant jusqu'à concurrence de 30 000 livres et la fameuse créance sur le marquis de Saint-Léger de 121 149 livres 6 sols 9 deniers — cette créance qui provient du partage de la succession Renaudin-Raguienne, et dont la jouissance et la perception appartiennent à M. Renaudin sa vie durant. Cela sonne sur le contrat ; mais, aussi bien sur la maison que sur les meubles et la créance, M°° Renaudin se réserve l'usufruit tant qu'elle vivra : elle stipule le droit de retour, au cas de prédécès de sa nièce et elle garde la possibilité d'aliéner ses biens, sous clause de remploi il est vrai, mais on verra ce qu'il sera de ce remploi.

Nul doute que ce ne soit là la totalité de la fortune apparente, acquise de M°° Renaudin : en dehors de sommes d'argent comptant qu'on la voit employer et dont on ignore et l'on devine l'origine : ainsi, la somme de 33 000 livres qui lui a servi en 1776 à l'achat de sa maison de Noisy; ainsi, la somme de 20 000 livres qu'elle a dépensée en 1779 pour le trousseau de sa nièce; ainsi, une autre somme de 20 000 livres et une de 6 000 qu'elle prêtera à son frère le 26 avril 1781 ; ainsi, une somme de 20 000 livres avec laquelle, le 29 mai 1782 elle fera l'achat d'une habitation dite le Trou-Pilate, située à Saint-Domingue, quartier de Nippes et du Rochelois. Faut-il tirer quelque conclusion de la répétition de ces chiffres presque identiques? Faut-il remarquer que jamais dans aucun des contrats passés, Mᵐᵉ Renaudin n'indique l'origine de l'argent qu'elle place : ce ne sont donc pas des deniers patrimoniaux ; toujours ils proviennent de la vente de ses diamants : des diamants pour plus de 100 000 livres !

En échange des biens que M. de la Pagerie et Mᵐᵉ Renaudin assurent ainsi à la future épouse, Alexandre lui constitue en cas de viduité, un douaire de cinq mille livres de rente avec assurance d'un logement ou de mille livres de plus par année.

Trois jours après le contrat, le 13 décembre, en plein hiver, le mariage est béni dans l'église de Noisy-le-Grand. On a certes des exemples de mariages célébrés dans leurs terres par des grands seigneurs, mais, ici, il ne s'agit point de terres ; c'est en une maison de campagne, en une sorte de vide-bouteilles que se fait la noce, comme si l'on se cachait. M. de la Pagerie n'a pu venir de Paris, repris qu'il a été par sa maladie, et a dû se faire représenter par son lointain cousin, M. Tascher, prieur de Sainte-Gauburge. Peut-être Mᵐᵉ Renaudin habitant rue Thévenot chez M. Beauharnais, n'a-t-elle de domicile particulier, de paroisse personnelle, de *curé propre*, qu'à Noisy-le-Grand : par suite ne peut-elle donner au mariage de sa nièce une garantie entière de validité qu'en le faisant célébrer en sa paroisse légale. La précaution serait bonne à prendre avec un mineur qui pourrait alléguer la contrainte, chercher des motifs d'annulation, trouver celui-ci sur lequel tant de cas de dispense ont été fondés. Mme Renaudin est une femme de tête.

Point d'affluence, mais assez de monde pour assurer la publicité : du côté Beauharnais, outre père, frère, oncle et cousin, ce Michel Bégon qu'on a déjà vu figurer au contrat, M. Nouël de Villamblin, M. Mouchard de Chaban, alors officier aux Gardes, et à qui cette présence vaudra plus tard la place de préfet et de conseiller d'État et le titre de comte ; deux camarades du vicomte, le chevalier de Toustain et le chevalier de Saint-Souplet[1], et Patricol, son ancien précepteur. Du côté de la mariée, M. de Courpon de la Vernade, un créole de la Martinique, retrouvé à Paris, M. de Villars, capitaine dans Royal-Champagne-Cavalerie et le chevalier Lejeune-Dagué, un parent de la tante de Joséphine. M. de Courpon de la Vernade et M. de Villars sont qualifiés de cousins, mais c'est à coup sûr une parenté bien lointaine et dont on ne trouve point de justification. Rien d'autre. Nulle femme signant au registre.

---

[1] Celui-là sans doute qui par son émigration fut la cause involontaire de la mort de son père et de ses deux frères, condamnés par le Tribunal révolutionnaire le 14 ventôse an II.

VIII

LE JEUNE MÉNAGE

VIII

LE JEUNE MÉNAGE

Aussitôt après le mariage, le jeune ménage vint s'établir rue Thévenot, dans l'hôtel du marquis. Malgré le jardinet, malgré la construction noble et ferme, la hauteur des étages et la jolie ordonnance de l'escalier, rien de triste comme cette maison, comme cette rue, étroite, encaissée où débouche la Cour des Miracles, où l'unique spectacle est de regarder venir les piétons par l'ignoble petite rue des Deux-Portes, ci-devant Gratte-Cul; où, des deux issues, de la rue du Petit-Carreau ou de la rue Saint-Denis, pas une voiture ne se hasarde entre les maisons énormes et froides, toutes de pierre de taille. Et c'est en cette prison qu'il faut vivre au sortir des Antilles, du rayonnant soleil, de la nature en fête, de la liberté entière et de la douce paresse au plein air.

On a dit que, pour s'égayer, Joséphine avait Paris, la Cour et sa parenté nouvelle, mais par quantité de raisons, le monde lui était fermé, et la famille du marquis ne s'empressait point autour de sa bru. Sans doute, M. de Beauharnais voyait son frère, le comte Claude, mais celui-ci vivait le plus ordinairement dans ses terres, près de la Rochelle, ne se souciant pas de se trouver en la même ville que sa femme, la célèbre Fanny de Beauharnais, née Mouchard, fille de finance qui avait donné dans les lettres surtout pour y trouver des amants, qui avait eu Dorat, Laus de Boissy et Ginguené avant de tomber à Cubières ; qui, bien que son mari fût généralement reconnu pour un honnête et brave homme, bien qu'il ne la gênât en rien et lui donnât, selon ses moyens et sa fortune, le moyen de vivre fort honnêtement, le laissait poursuivre de romans à clef par ses adorateurs et, pis encore, s'entourait de personnages tels que Restif de la Bretonne, Mercier, Vigée et Doigny du Ponceau. A regarder sa littérature, à lire ses lettres, on ne prend pourtant point l'idée qu'elle fût une mauvaise femme : cela est pastoral, pommadé, laudatif, émollient, cela est plat, mais guère plus que les vers de Mme d'Houdetot, de Mme de Sabran, que les vers de toutes ces dames. Seulement, elles ne se font point imprimer, ou, si elles s'y risquent, c'est en gardant l'anonyme, en tirant seulement pour leurs amis quelques exemplaires dont le don est à soi seul une rare faveur. C'est un travers à coup sûr, mais on ne l'étale point, on ne le vend pas, on en fait présent, comment dès lors être sévère ? Et puis, le péché se présente si joliment, il a pour avocats de si aimables amours de Marillier ou de Moreau le

Jeune, il a pris un format et des caractères à ce point séduisants qu'il faut bien l'absoudre. A demi caché, n'est-il pas à demi pardonné? Mais se cacher, ce n'est point là ce qui convient à Fanny! Ses recueils de poésie semblent uniquement destinés à étaler devant la France et l'Europe la liste de ses « belles relations. » Sous prétexte d'épîtres, stances, quatrains, boutades, romances, elle dédicacie à quiconque porte un nom dans la littérature, le militaire et la noblesse, à quiconque, voyageur, traverse la France et, selon l'ancienne habitude des gens du Nord, éprouve le besoin de venir à domicile, s'entretenir avec les célébrités. Elle ignore sans doute l'orthographe de leurs noms : qu'importe! le comte d'Hartig, le prince de Gonzague, le baron de Cloots, le baron d'Alberg, le comte d'Œls, le comte Stanislas de Poleschi, le prince Joseph Jablonoski, M. de Niemcevits, M. Malezenski, le prince Adam Czatorinski (comme elle écrit) ne font-ils pas belle figure près du comte de Duras, du maréchal de Richelieu, du maréchal de Brissac, du chevalier de Cossé, du cardinal de Bernis, du duc de Nivernais, du comte de Tressan, et même du roi de Prusse? N'est-ce pas montrer qu'on est vraiment une muse recevant les hommages du monde entier et condescendant, en grande dame, à y répondre par quelques vers? Et comme si ce n'était point assez de ce livre d'adresses qu'elle étale en vers, elle pare ses volumes de poésies, du fatras de littérature que lui ont adressé tous les hommes de lettres qu'elle nourrit : Tout encens lui semble odorant pourvu qu'il soit épais, et comme elle a un vestiaire pour les besoigneux et qu'elle leur offre sa table, la comtesse Fanny — baptisée Marie-Anne-Françoise — ne manque pas d'amateurs, mais pour la situation dans le monde, aucune. A l'en croire, elle fit un tendre accueil à Joséphine, et si elle n'a chanté sa venue que lorsque Mlle Tascher se fut muée en Mme Bonaparte, c'est sans doute que l'occasion avait manqué, car quelle impression n'avait-elle pas produite !

> Quand Zéphir poussa le vaisseau
> Qui vous conduisit sur ces rives,
> Vous rappelez-vous le tableau
> Qu'offrirent vos grâces naïves ?
> Avec les Amours ingénus
> Escortés du tendre Mystère
> On crut voir l'aimable Vénus
> Descendre à l'île de Cythère.
> A votre sourire charmant
> On était forcé de se rendre,
> Aussi fîtes-vous promptement
> La conquête d'un Alexandre.
> Il ne fut pas longtemps heureux.
> Hélas ! on sait trop son histoire,
> Mais, républicain vertueux
> Il vit au Temple de Mémoire !

Cela sans doute est ingénieux, opportun et bien dit, mais non pire que ses autres morceaux.

Le frère aîné d'Alexandre avait épousé la fille de cette Fanny. C'était, a-t-on dit, une personne fort distinguée par son esprit et son caractère, qui, dans la société de sa mère, avait puisé l'horreur des sentiments affectés et faux, la juste haine de cette littérature, le goût du simple et du vrai. Malgré les légèretés de son mari, elle était restée irréprochable, mais elle fréquentait si peu chez son beau-père qu'elle ne figura ni au contrat, ni au mariage d'Alexandre. On peut penser que si des intérêts de famille avaient déterminé son mariage avec son cousin, elle ne pouvait envisager de la même façon que Joséphine la position prise dans la maison par Mme Renaudin.

Peut-être certains hommes, parents ou alliés, venaient-ils davantage chez le marquis : on pourrait le croire à l'intimité que Joséphine conserva avec plusieurs; mais des hommes ne sont pas pour servir de chaperons à une jeune femme, et un tel rôle ne pouvait être rempli ni par Mme Renaudin, ni par Fanny.

Donc, nul fonds à faire sur la famille : d'elle-même Joséphine ne connaissait personne, hormis peut-être quelques créoles; encore, n'est-ce que bien plus tard qu'on la trouve en relations avec des gens de Sainte-Lucie. Elle avait sans doute espéré que son mari la produirait dans le monde, mais Alexandre, qui s'en souciait peu, avait, dès le printemps de 80, rejoint son régiment à Brest, et la pauvrette se trouvait en ce logis de la rue Thévenot, entre sa tante, son beau-père, son père aigri, malade, courant après l'argent et les grâces de Cour. Elle n'avait pour se distraire qu'à promener dans Paris, ses poches emplies des pauvres bijoux de sa corbeille pour se donner la joie de les tâter en marchant.

Les jours lui semblaient longs, et à apprendre que

son mari passait fort bien son temps à Brest, elle ne pouvait manquer d'en prendre de la jalousie, mais lui en plaisantait : il lui écrivait, le 16 août : « Enfin, mon cœur, je ne vois plus qu'un mois qui me sépare du moment où je dois te revoir, t'embrasser, t'assurer du plaisir que j'éprouve avec toi et te jurer de nouveau que je te suis et j'ai été fidèle. » S'il fallait qu'il jurât, c'est donc qu'elle avait déjà des soupçons, et, sous ce jargon d'intimité, l'on sent déjà les dissonances du cœur.

Revenu à Paris durant que son régiment allait prendre la garnison de Verdun, le vicomte ne se soucia nullement encore de montrer sa femme. Il la trouvait gauche, empruntée, ignorante ; pis que cela, il la trouvait laide, la taille lourde, nulle tournure, des yeux de province et, par-dessus, de folles idées d'amour conjugal, de tendresse et de jalousie. Il s'était laissé marier pour être libre de sa fortune et de ses actes ; et s'il n'entendait point que sa femme le suivît dans ses garnisons, moins encore la voulait-il dans le monde où ses meilleurs appuis étaient sans doute ses parents maternels. Quant à la Cour, il aurait assez de peine à s'y introduire lui-même, à s'y faire agréer pour ses talents de beau danseur, sans parvenir jamais à ces distinctions désirées par tous les gentilshommes d'ancienne noblesse : monter dans les carrosses du Roi et suivre Sa Majesté à la chasse. Garçon ou quasi tel, il passerait, mais ne pourrait jamais remorquer une femme que, ni l'argent, ni l'éducation, ni les entours n'auraient préparée à un tel rôle. Il ne fit donc rien ni pour la présenter [1], ni pour la mener dans les maisons où il était accueilli, pas même dans celle où il avait été élevé, où il passait encore sa vie, chez le duc de la Rochefoucauld. Pendant qu'il y dansait des pas, y jouait des comédies, y reprenait ses habitudes, Joséphine avec ses dix-sept ans, allait de la rue Thévenot à Noisy-le-Grand, sous la garde de Mme Renaudin qui revoyait jusqu'aux lettres intimes qu'elle écrivait à son mari, et elle avait comme distraction de rechercher, dans la garde-robe du vicomte, les vestes brillantes ou les habits pailletés qu'il fallait lui envoyer pour les fêtes où il était convié.

Dès 1781, lorsque son mari lui écrit, c'est en maître d'école et l'on dirait ses instructions dictées par Patricol : « Je suis ravi du désir que tu me témoignes de t'instruire. Ce goût qu'on est toujours à même de contenter, procure des jouissances toujours pures et a le précieux avantage de ne laisser aucun regret quand on l'écoute. C'est en persistant dans la résolution que tu as formée que les connaissances que tu acquerras t'élèveront au-dessus des autres et que, joignant alors la science à la modestie, elles te rendront une femme accomplie. Les talents que tu cultives ont aussi leurs agréments et, en y sacrifiant une partie

[1] Il faut y insister, car, à présent, cette légende que Joséphine fit partie de la cour de Marie-Antoinette semble revenir d'Allemagne. Reichardt prétend avoir vu Joséphine au Palais de Saint-Cloud suivant la Reine en qualité de demoiselle d'honneur avant son mariage avec l'infortuné général Beauharnais. Or, on a vu ce qu'était Joséphine avant son mariage; ce mariage est en date du 13 décembre 1779; et Saint-Cloud fut acheté pour la Reine le 24 octobre 1784. Croyez ensuite aux témoins oculaires !

de la journée, tu sauras réunir l'utile à l'agréable. »

Elle a dix-sept ans, il en a vingt, et voilà ce qu'ils se disent! Au reste, dès le premier jour qu'il a vu sa fiancée, il a, c'est lui-même qui le dit, « formé le plan de recommencer son éducation et de réparer par son zèle, les quinze premières années de sa vie qui avaient été négligées ».

C'est parce que Joséphine n'a pas répondu comme il l'attendait à cette manie, parce qu'il a découvert en elle un défaut de confiance qui l'a étonné, qu'il s'est refroidi. Puis il a aperçu en elle une indifférence et un peu de volonté de s'instruire qui l'ont convaincu qu'il perdrait son temps. Alors, il a pris le parti de renoncer à son plan et d'abandonner à qui voudrait l'entreprendre l'éducation de sa femme.

Qu'elle se remette à travailler, qu'elle lise les bons poètes, qu'elle apprenne par cœur des tirades de théâtre, qu'elle étudie l'histoire et la géographie, peut-être reviendra-t-il, mais encore devra-t-elle mettre de côté son fatigant amour, ne s'occuper ni de ce que dit son mari, ni de ce qu'il fait, ni de ce qu'il écrit, et ne pas prétendre que dans le monde il ne voie qu'elle. C'est son dernier mot, et c'est Patricol, chargé de le confesser et, s'il est possible, de le ramener, qui en fait la confidence à Mme Renaudin.

Certes, l'excuse est singulière, mais, à suivre Alexandre par la vie, on peut croire qu'ici il est sincère. Sans doute, il aime le monde, les femmes, l'avancement et les grades, mais, de nature, il est versatile et peu fixé sauf en ce qui touche une fatuité qui demeure stable et qui paraît sans limite : à cette fatuité il joint un pédantisme qui est peu ordinaire dans sa classe et dans son état. Il éprouve une joie sans égale à écrire des phrases pompeuses, creuses et longues, à en écrire des pages après des pages, à prêcher l'instruction, à s'établir en maître d'école. Ce n'est pas même le pédantisme de collège tel que l'introduiront dans le gouvernement Robespierre et Saint-Just, tel que Camille, avec des parties de génie, le portera dans la littérature politique, c'est un pédantisme spécial, un pédantisme infaillible, un pédantisme hautain qui est à l'autre ce qu'un vicomte est à un robin. Patricol a déteint sur Alexandre si profondément qu'Alexandre est Patricol même; seulement, Alexandre joint à la faculté d'ennuyer, à la confiance exaltée en son savoir, sa vertu et son esprit de conduite, tous les vices de la société au milieu de laquelle il vit, toute la vanité d'un nouveau noble, toute l'inconsistance d'un caractère faible, toutes les violences de passion d'un homme jeune, riche et sans frein, toutes les incertitudes d'un esprit perpétuellement mécontent, et, en ce qui touche sa femme, une sorte de mépris pour le mariage qu'il a fait, compliqué de dédain pour la provinciale qu'il a épousée et qui n'a pas même à ses yeux le mérite d'être jolie.

Durant qu'Alexandre se promène de château en château, Joséphine, pâlissant sur les rudiments, essayant en vain de mettre dans sa petite tête créole des noms et des dates, traîne péniblement sa grossesse de la rue Thévenot à Noisy. Elle revient à Paris pour son terme et, le 3 septembre 1781, accouche rue Thévenot d'un enfant mâle qui est baptisé le lendemain en l'église Saint-Sauveur, rue Saint-Denis, et reçoit les prénoms d'Eugène-Rose. Il a pour parrain son grand-père paternel, le marquis, et pour marraine, sa grand'mère maternelle, Mme de la Pagerie (Rose Desvergers de Sanois) représentée par Mme Renaudin. Le vicomte, revenu pour les couches, assiste à la cérémonie, ainsi que l'inévitable M. Bégon et M. de la Pagerie qui a sans cesse retardé son retour à la Martinique sur l'espoir d'obtenir quelque grâce de la Cour. Sans doute, l'année précédente, le 22 avril 1780, ses services militaires lui ont valu la croix de Saint-Louis et ç'a été le le marquis de Beauharnais qui a été chargé de le recevoir, mais si cette faveur est déjà surprenante — car, pour que l'on passe à M. de la Pagerie d'avoir quitté son poste de capitaine des dragons de la milice de Sainte-Lucie au moment où cette île a été attaquée par les Anglais, pour qu'on lui compte pour services militaires, le temps qu'il a porté le titre de capitaine de milice dans une colonie occupée par l'ennemi, il faut sans doute quelque crédit dans les bureaux — si c'est déjà une faveur, une croix n'emplit pas la bourse, et ce que M. de la Pagerie eût souhaité surtout, c'eût été une augmentation de pension, à quoi l'on comprend que les ministres fissent résistance. Mais il ne se lassait point : d'ailleurs la maison était bonne et il ne lui en coûtait rien. Outre le vivre et le couvert, il y trouvait même de l'argent, car c'est là qu'il emprunte, le 26 avril, de Mme Renaudin cette somme de 26 000 livres dont il ne paya jamais un sol d'intérêt, si bien qu'en 1791, on en réclamait à sa veuve neuf années et demie.

Le baptême fait, l'accouchée rétablie, Alexandre paraît se soucier aussi peu du fils qu'il vient d'avoir que de la femme qui le lui a donné : il recommence si bien à jouir de Paris que Mme Renaudin décide qu'un voyage un peu long lui est nécessaire et qu'elle le détermine à partir pour l'Italie.

Il est en route le 1er novembre, s'embarque à Antibes, relâche à Gênes : en quel esprit de déclamation, de fausse misanthropie, c'est ce qu'il faut voir : « Je m'imagine, écrit-il à Mme Renaudin, que vous avez déjà quitté Noisy et je vous vois, à présent, dans notre capitale qui va être bien brillante cet hiver : des illuminations, des fêtes publiques vont vous faire passer rapidement tous vos moments. Mes plaisirs à moi seront d'une autre nature et achetés par des peines. L'admiration d'un tableau, d'une statue, d'une colonne ; l'étude des chefs-d'œuvre qu'ont faits les hommes dans un temps où les arts ont été poussés au plus haut degré de perfection sera une occupation qui me consolera d'un éloignement qui me coûte, je vous jure, plus qu'on ne pense (au moins ceux qui sont habitués à ne pas me rendre justice), mais éloignement qui, depuis que je suis hors de ma patrie, m'a fait verser souvent des larmes. » N'est-ce point là le ton que doit prendre un élève de Rousseau, et n'est-ce pas ainsi que doit se présenter un génie incompris, méconnu, persécuté? L'antithèse n'est-elle point belle et ne convient-il pas de s'attendrir?

Aussi bien, le vicomte n'en prend pas moins à Rome sa part de toutes les fêtes et, durant six mois, ne s'en donne pas moins tous les airs de l'amateur des arts. A son retour, le 29 juillet 1782, il semble un peu calmé, et il a pour sa femme des attentions. « Il paraît enchanté de se retrouver avec elle. » On est d'ailleurs dans un cadre nouveau et le beau-père La Pagerie, désespérant de faire reconnaître ses services, a enfin regagné son île. Quittant l'hôtel de la rue Thévenot, le marquis s'est transporté avec sa bru et Mme Renaudin, dans un hôtel dont Alexandre est devenu, en son absence, le principal locataire et qui est sis en un quartier neuf et plus au goût du jour, rue Neuve-Saint-Charles, un bout de rue qui prolonge la rue de la Pépinière, entre la rue de Courcelles et le faubourg Saint-Honoré, tout près de l'église Saint-Philippe du Roule nouvellement bâtie et non encore consacrée.

Les belles résolutions du retour durent peu et l'air de la rue Saint-Charles ne vaut pas mieux pour Alexandre que celui de la rue Thévenot. Paris l'entraîne et il est incapable d'y résister. Même pas Paris, Verdun où est sa garnison. Quelqu'un qui l'a connu a dit qu'il était « d'une grande coquetterie avec les femmes ». Il fut tel jusque sur les marches de l'échafaud. Or, il était dans le caractère de Joséphine d'être jalouse, dans son tempérament de pleurer et de faire des scènes. En ce moment où elle n'avait aucun tort, où les griefs ne lui manquaient point, comment n'eût-elle pas manqué de s'en prévaloir? Et d'ailleurs dans la vie qu'on lui avait faite, quel autre objectif avait-elle que son mari? Quel dérivatif offrait-on à une femme de son âge, quelle satisfaction lui donnait-on, quel plaisir, quelle distraction? Et n'avait-elle pas droit de se plaindre?

À peine Alexandre a-t-il passé un mois en France qu'il songe à repartir. Il n'est point satisfait de son grade de capitaine; il n'est point disposé à faire du service de garnison; il ne se soucie nullement d'embarquer sur les vaisseaux du Roi pour s'y faire tuer comme le capitaine de Montcourier ou blesser comme le capitaine de Montoy de Bertrix, ses camarades de la Sarre. Il lui faut à lui du particulier, car il s'inquiète de la perspective de n'obtenir que fort tard un régiment et, sans doute pour avoir cet agrément de la Cour, ce n'est point trop de se signaler. Justement, M. de Bouillé, gouverneur des Îles du Vent, est en France : il y est venu pour déterminer le ministère à une grande expédition contre Plymouth; le public ignore sans doute son dessein et le croit occupé de la conquête de la Jamaïque, mais, où qu'aille le vainqueur de la Dominique et de Saint-Christophe, il y aura toujours de la gloire à le suivre. Alexandre souhaite de l'accompagner comme aide de camp. — Rien moins. — Il se fait près de lui chaudement appuyer par le duc de la Rochefoucauld qui lui a obtenu d'abord un congé indéfini du ministre de la Guerre, mais ses démarches n'aboutissent pas. On a les lettres de M. de la Rochefoucauld; il est impossible qu'elles soient plus agréables ; il n'y oublie rien, « ni le vif intérêt que toute sa famille et lui prennent au jeune homme », ni la connaissance qu'il a de lui depuis son enfance, « parce que, dit-il, il a été élevé chez nous avec mes neveux » ; ni l'honnêteté, ni l'âme, ni l'esprit, ni la grande ardeur pour s'instruire, ni même le voyage en Italie « fait avec beaucoup de fruit », mais pourquoi pas un mot du marquis, s'il ne considère le rappel de son nom et de ses anciennes qualités comme devant desservir le vicomte ? pourquoi, parlant à M. de Bouillé qui arrive de la Martinique, qui a épousé une demoiselle Bègue, de la Martinique, dix fois alliée aux Sannois, pas un mot des La Pagerie, si les La Pagerie ont réellement là-bas la situation qu'on leur prête ? Cela fait penser.

Le départ de M. de Bouillé est subit, et peut-être est-ce là le motif de l'échec d'Alexandre, mais il s'obstine et n'ayant pu partir comme aide de camp, c'est comme volontaire que, le 26 septembre 1782, il s'embarque pour la Martinique, que menace une descente anglaise et qui a le plus pressant besoin de secours. Au moment de son départ de Paris, sait-il que sa femme est de nouveau enceinte ? En tout cas, il l'apprend d'elle à Brest où il est obligé de s'arrêter quelque temps et « il se félicite d'en avoir la certitude ».

Toutefois, il n'est point expansif : ce n'est point à Joséphine, c'est à Mme Renaudin qu'il adresse ses confidences, ses plaintes sur ce qu'on ne le comprend pas, sur le peu de cas que l'on fait « du mérite de sa résolution et de ses sacrifices ». « Enfin, dit-il, j'ai pour moi ma conscience qui s'applaudit d'avoir su préférer aux douceurs actuelles d'une vie tranquille et passée dans les plaisirs, la perspective quoique éloignée d'un avancement qui peut m'assurer une existence plus flatteuse pour l'avenir, me valoir une considération utile à *mes enfants.* »

Il arrive à la Martinique au mois de novembre, et, dès son débarquement, il semble que ses rapports avec sa belle famille manquent de cordialité, et tous les torts sont-ils du côté d'Alexandre ? N'a-t-il pas le droit de s'étonner de la médiocre situation que son beau-père a dans la colonie, du peu d'estime où on le tient, de l'espèce de misère où il vit? D'autre part, M. de La Pagerie qui n'est rentré que depuis quelques mois, n'ignore rien des débuts du mariage, et se tient sur l'extrême réserve. Sa femme se permet des observations que le gendre accueille mal. Chacun a des reproches à se faire, chacun a des griefs à invoquer et tels qu'on ne se les pardonne guère. De la famille de sa femme, le vicomte ne voit guère que l'oncle, le baron de Tascher qui, établi à Fort-Royal comme directeur du port, marié à une demoiselle Roux de Chapelle tenant aux meilleures familles de la colonie, a pris une position bien meilleure que son aîné et jouit d'une véritable considération. Pour lui, Alexandre déploie toutes les grâces, et, comme il sait à l'occasion être aimable et séduisant, qu'il porte avec lui cette fleur d'élégance, ce ton de bonne compagnie, ces talents de danseur, ces façons de philosophe, tout le train à la mode dont il s'est paré à la Roche-Guyon, il ne manque pas de plaire. La baronne de Tascher est enthousiaste : « Dieu veuille, écrit-elle, que mon fils puisse lui ressembler en tous points ; je ne lui demande rien de plus et je serais la plus heureuse des femmes. »

C'est là toute la conquête d'Alexandre, car c'est vainement que M. de Bouillé prépare ses forces pour risquer une offensive hardie. L'échec de la tentative contre Gibraltar a tout décidé. Plus d'espoir pour le vicomte de se signaler dans les expéditions puisque la paix va se conclure, que les préliminaires en sont signés le 20 janvier 1783, et qu'aussitôt la nouvelle reçue, les hostilités cessent aux Antilles. Irrité et inoccupé, le vicomte se remet à courir les femmes, et celle qu'il choisit est une femme experte, ennemie des Tascher, jalouse du mariage que Mme Renaudin a fait faire à sa nièce et prête à user de tous les moyens pour troubler à jamais le jeune ménage. Elle sait les coquetteries qu'a pu jadis faire Joséphine, les *flirts* auxquels elle s'est livrée : quelle occasion d'en réunir les histoires, d'en collectionner les preuves et de s'attacher ainsi un amant désirable, en le séparant à jamais de sa femme !

IX

LA SÉPARATION

IX

LA SÉPARATION

Le 10 avril 1783, Joséphine accouche à Paris, rue de la Pépinière (la rue Saint-Charles n'en est qu'un court prolongement et les deux noms s'emploient indifféremment) d'une fille qui est baptisée le lendemain, à la Madeleine de la Ville-l'Evêque, et qui reçoit les noms d'Hortense-Eugénie. Le parrain est le grand-père La Pagerie, auquel on donne pour la première fois du *Haut* et *Puissant Seigneur* et qu'on qualifie capitaine de dragons, sans dire que c'est de milice ; il est représenté par son neveu, le fils aîné du baron, qui, âgé de dix ans, a été envoyé à Paris pour y suivre le collège. La marraine est Fanny Beauharnais qui pour le moment est retirée aux Dames de la Visitation, rue du Bac. On a soin d'indiquer dans l'acte que le père qualifié vicomte de Beauharnais, baron de Beauville, capitaine au régiment de la Sarre, est « actuellement en Amérique pour le service du Roi ».

Ce père n'a point avant deux mois la nouvelle de sa paternité ; les lettres ne mettent guère moins de temps : c'est donc au plus tôt au milieu de juin. Le 8 juillet, il écrit à sa jeune femme la lettre suivante :

« Si je vous avais écrit dans le premier moment de ma rage, ma plume aurait brûlé le papier et vous auriez cru, en entendant toutes mes invectives, que c'était un moment d'humeur ou de jalousie que j'avais pris pour vous écrire; mais il y a trois semaines et plus que je sais, au moins en partie, ce que je vais vous apprendre. Malgré donc le désespoir de mon âme, malgré la fureur qui me suffoque, je saurai me contenir; je saurai vous dire froidement que vous êtes à mes yeux la plus vile des créatures, que mon séjour dans ces pays-ci m'a appris l'abominable conduite que vous y aviez tenue, que je sais, dans les plus grands détails, votre intrigue avec M. de Be..., officier du régiment de la Martinique, ensuite celle avec M. d'H..., embarqué à bord du *César*, que je n'ignore ni les moyens que vous avez pris pour vous satisfaire, ni les gens que vous avez employés pour vous en procurer la facilité; que Brigitte n'a eu sa liberté que pour l'engager au silence, que Louis, qui est mort depuis, était aussi dans la confidence ; je sais enfin le contenu de vos lettres et je vous apporterai avec moi un des présents que vous avez faits. Il n'est donc plus temps de feindre et, puisque je n'ignore aucun détail, il ne vous reste plus qu'un parti à prendre, c'est celui de la bonne foi. Quant au repentir, je ne vous en demande pas, vous en êtes incapable : un être qui a pu, lors des préparatifs pour son départ, recevoir son amant dans ses bras, alors qu'elle sait qu'elle est destinée à un autre, n'a point d'âme : elle est au-dessous de toutes les coquines de la terre. Ayant pu avoir la hardiesse de compter sur le sommeil de sa mère et de sa grand'mère, il n'est point étonnant que vous ayez su tromper aussi votre père à Saint-Domingue. Je leur rends justice à tous et ne vois que vous seule de coupable. Vous seule avez pu abuser une famille entière et porter l'opprobre et l'ignominie dans une famille étrangère dont vous étiez indigne. Après tant de forfaits et d'atrocités, que penser des nuages, des contestations survenues dans notre ménage ? Que penser de ce dernier enfant survenu après huit mois et quelques jours de mon retour d'Italie ? Je suis forcé de le prendre, mais j'en jure par le ciel qui m'éclaire, il est d'un autre, c'est un sang étranger qui coule dans ses veines ! Il ignorera toujours ma honte, et j'en fais encore le serment, il ne s'apercevra jamais, ni dans les soins de son éducation, ni dans ceux de son établissement, qu'il doit le jour à un adultère ; mais vous sentez combien je dois éviter un pareil malheur pour l'avenir. Prenez donc vos arrangements : jamais, jamais, je ne me mettrai dans le cas d'être encore abusé, et, comme vous seriez femme à en imposer au public si nous habitions sous le même toit, ayez la bonté de vous rendre au couvent, sitôt ma lettre reçue ; c'est mon dernier mot et rien dans la nature entière n'est capable de me faire revenir. J'irai vous y voir à mon arrivée à Paris, une fois seulement ; je veux avoir une conversation avec vous et vous remettre quelque chose. Mais, je vous le répète, point de larmes, point de protestations. Je suis déjà armé contre tous vos efforts, et mes soins seront tous employés à m'armer davantage contre de vils serments aussi faux et aussi méprisables que faux. Malgré toutes les invectives que votre fureur va répandre sur mon compte, vous me connaissez, Madame, vous savez que je suis bon, sensible, et je sais que, dans l'intérieur de votre cœur, vous me rendrez justice. Vous persisterez à nier parce que, dès votre plus bas âge, vous vous êtes fait de la fausseté une habitude, mais vous n'en serez pas moins intérieurement convaincue que vous n'avez que ce que vous méritez. Vous ignorez probablement les moyens que j'ai pris pour dévoiler tant d'horreurs et je ne les dirai qu'à mon père et à votre tante. Il vous suffira de sentir que les hommes sont bien indiscrets, à plus forte raison quand ils ont sujet de se plaindre : d'ailleurs, vous avez écrit ; d'ailleurs vous avez sacrifié des lettres de M. de Be... à celui qui lui a succédé ; ensuite, vous avez employé des gens de couleur qu'à prix d'argent on rend indiscrets. Regardez donc la honte dont vous et moi, ainsi que vos enfants, allons être couverts, comme un châtiment du ciel que vous avez mérité et qui me doit obtenir votre pitié et celle de toutes les âmes honnêtes.

« Adieu, Madame, je vous écrirai par duplicata et l'une et l'autre seront les dernières lettres que vous recevrez de votre désespéré et infortuné mari. »

« *P.-S.* — Je pars aujourd'hui pour Saint-Domingue et je compte être à Paris en septembre ou octobre, si ma santé ne succombe pas à la fatigue d'un voyage, jointe à un état si affreux. Je pense qu'après cette lettre je ne vous trouverai pas chez moi et je dois vous prévenir que vous me trouveriez un tyran si vous ne suiviez pas ponctuellement ce que je vous ai dit. »

Cette lettre écrite, le vicomte fait partir pour la France sa maîtresse à laquelle il donne rendez-vous à Paris et lui-même s'embarque, le 18 août, sur la frégate *l'Atalante* où il a obtenu passage ; mais, avant, il a avec son beau-père une explication qui amène une rupture définitive.

Il arrive en France au commencement d'octobre ; il trouve au port des lettres de son père et de Mme Renaudin qui tentent encore un accommodement, mais il ne veut rien entendre et, route faisant, de Chatellerault, le 20 octobre, il écrit à Joséphine pour lui intimer de nouveau ses ordres. Il lui dit :

« J'ai appris avec étonnement, en arrivant en France, par les lettres de mon père, que vous n'étiez pas encore dans un couvent, ainsi que je vous en avais témoigné la volonté par ma lettre datée de la Martinique. J'imagine que vous avez voulu attendre mon arrivée pour vous soumettre à cette nécessité et que ce retard ne doit pas être considéré comme un refus. En vous écrivant du mois de juillet dernier, j'avais déjà fait toutes mes réflexions et mon parti était décidément pris. Vous sentez que ce n'est pas une fièvre inflammatoire et putride que j'ai eue, occasionnée par l'excès de ma douleur, qui aura pu me faire changer d'avis, non plus que des rechutes continuelles durant quatre mois pendant lesquels j'ai été entre la vie et la mort, non plus que l'entier dérangement de ma santé qui me fait craindre de ne la jamais bien rétablir. Je suis inébranlable dans le parti que j'ai pris et je vous engage même à dire à mon père et à votre tante que leurs efforts seront inutiles et ne pourront tendre qu'à ajouter à mes maux, tant au moral qu'au physique, en mettant ma sensibilité en jeu et me mettant dans l'obligation de contrarier leurs désirs. Quant à nous, ceci soit dit sans fiel, sans humeur, pouvons-nous habiter ensemble après ce que j'ai appris? Vous seriez tout aussi malheureuse que moi par l'image perpétuelle de vos torts que vous sauriez être connus de moi. Et, quand même vous seriez incapable d'un remords, l'idée que votre mari aurait acquis des droits à vous mépriser ne serait-elle pas tout au moins humiliante pour votre amour-propre? Prenez donc, croyez-moi, le parti le plus doux, celui d'acquiescer à mes désirs, et préférez dans cette cruelle position la certitude de ne point éprouver de mauvais procédés de ma part à l'obligation dans laquelle vous me mettriez d'en mal agir et d'user sévèrement avec vous si vous ne vous soumettiez pas à ce que j'exige. Je ne vois cependant aucun inconvénient, si vous désirez retourner en Amérique, à vous laisser prendre ce parti-là, et vous pouvez opter entre ce retour dans votre famille et le couvent à Paris. »

Joséphine est à Noisy à ce moment, car Alexandre ajoute : « Comme j'espère faire en cinq ou six jours les soixante-dix lieues qui me séparent encore de la capitale et, qu'une fois rendu, j'aurai besoin de me promener en voiture pour me distraire et suppléer à la faiblesse de mes jambes, vous m'obligerez d'envoyer à Paris mes chevaux et ma voiture pour dimanche prochain 26 du courant. Si Euphémie veut profiter de cette occasion pour y amener Eugène, j'en serai très reconnaissant et je lui devrai un plaisir, et il y a bien longtemps que je n'en ai goûté. »

Il termine ainsi : « Vous ne trouverez dans ma lettre aucuns reproches et combien cependant ne serais-je pas en droit d'en faire, mais à quoi serviraient-ils ? Ils ne détruiraient pas ce qui a existé, ils n'auraient pas même le pouvoir de vous rendre vraie ! Ainsi, je me tais. Adieu, Madame ; si je pouvais déposer ici mon âme, vous la verriez ulcérée au dernier point, mais ferme et décidée de manière à ne jamais changer. Ainsi nulle tentative, nul effort, nulle démarche qui tende à m'émouvoir. Depuis six mois, je ne m'occupe qu'à m'endurcir sur ce point. Soumettez-vous donc ainsi que moi à une conduite douloureuse, à une séparation affligeante surtout pour vos enfants, et croyez, Madame, que, de nous deux, vous n'êtes pas la plus à plaindre. »

Sur cette lettre, Joséphine se hâte de revenir rue Saint-Charles, mais Alexandre n'y descend pas. Il va loger dans une maison garnie, rue de Grammont, puis s'installe rue des Petits-Augustins (rue Bonaparte), dans le petit hôtel de la Rochefoucauld, dépendance du grand hôtel dont la principale entrée est rue de Seine. Toutes sortes de démarches sont tentées par le marquis, par Mᵐᵉ Renaudin, par quantité « de personnes respectables » pour amener une réconciliation, mais le vicomte reste inflexible ; il veut à tout prix conserver la liberté qu'il a reconquise, et l'on dit qu'il a pour cela une bonne raison : il a retrouvé à Paris la femme qui est devenue sa maîtresse à la Martinique et qui peut-être ne l'a précédé que parce qu'elle ne pouvait dissimuler plus longtemps son état.

Après un mois d'efforts infructueux, Joséphine, à la fin de novembre, se détermine à se retirer à l'abbaye de Panthemont, rue de Grenelle, où Mᵐᵉ Renaudin s'enferme avec elle, et, le 8 décembre, elle fait requérir le commissaire au Châtelet, Joron, de se transporter par devers elle, pour recevoir sa plainte contre son mari. Elle raconte dans le plus grand détail les débuts de son mariage, l'existence qu'elle a menée, l'indifférence de son mari, dont « elle avoue qu'il a été plus fort qu'elle de ne pas lui témoigner la sensibilité » ; elle dit les voyages et les déplacements d'Alexandre d'où il résulte que du 13 décembre 1779, jour de son mariage, au 6 septembre 1782, jour du départ du vicomte pour la Martinique, elle a tout au plus passé dix mois avec lui[1] ; elle annonce enfin le refus

---

[1] Du 13 décembre 1779 au mois d'avril 1780 (on a une lettre d'Alexandre datée de la Roche-Guyon le 26 mai, qui le montre parti avec les semestriers) : quatre mois; du mois de janvier 1781 (une lettre à Mᵐᵉ Renaudin du 1ᵉʳ novembre 1780 prouve qu'à cette date il est encore à la Roche-Guyon. Il est peut-être revenu à Paris en décembre; il y est en tout cas en janvier 1781 où Eugène est conçu)

formel du vicomte de reprendre la vie commune et, pour attester les injures, elle joint à la plainte les lettres du 12 juillet et du 20 octobre, qui constituent son grief principal.

Il est certain que si Alexandre avait eu à reprocher à sa femme des faits postérieurs au mariage, il n'eût point manqué de le faire ; son imputation au sujet de la naissance d'Hortense tombe d'elle-même, par le simple rapprochement des dates, — puisqu'il est revenu d'Italie le 25 juillet et qu'il s'est écoulé deux cent cinquante-neuf jours jusqu'à l'accouchement — ; il est à présumer que les autres allégations sont aussi fausses, car, sans cela, au bout de quinze mois, il ne les eût pas volontairement et pleinement démenties.

Sans doute, Alexandre a vu que le procès engagé tournerait à sa confusion; sans parler des Tascher, ni de son père qui ont embrassé avec chaleur le parti de Joséphine, tous les siens, oncle, tante, frère, belle-sœur, paraissent avoir fait de même. Peut-être les La Rochefoucauld sont-ils intervenus et n'est-ce point sur eux que le vicomte peut faire fonds ? Lorsque le duc a quitté le commandement de la Sarre pour passer maréchal de camp, n'est-ce pas lui qui a ménagé à Alexandre son entrée comme capitaine au

---

au mois d'avril ou mai (il y a une autre lettre à Mme Renaudin de la Roche-Guyon, le 5 mai), quatre mois; du mois de septembre 1781 au 1er novembre, date du départ pour l'Italie, deux mois; du 25 juillet 1782, date du retour d'Italie, au 6 septembre, date du départ pour la Martinique, un mois et demi : c'est à bien compter onze mois et demi, d'où il faut déduire les diverses villégiatures d'Alexandre et ses constants déplacements.

régiment Royal-Champagne-cavalerie (2 juin 1784) et qui l'a fait détacher près de lui, en qualité d'aide de camp ? Ne peut-on penser que c'est à tous les efforts combinés des personnes qui s'intéressent à lui, qu'a cédé le vicomte lorsque, le 3 mars 1785, il se rencontre avec Joséphine chez leur notaire? Il fait les excuses les plus complètes pour ses lettres dictées par la fougue et l'emportement et, pour éviter un éclat et un procès, il consent volontairement à une séparation à laquelle Joséphine acquiesce « pour donner à ses deux enfants la preuve la plus forte de son amour maternel ». Tout le préambule, tout l'exposé des faits, dans cet acte de séparation fait sous seing privé, est à ce point et si hautement à l'honneur de Joséphine, que, sans contredit, il faut, pour que son mari y consente, qu'il n'ait pas même une allégation contraire à fournir. Les articles de la séparation, tout à l'avantage de la femme, le démontrent du reste surabondamment.

Joséphine habitera où il lui plaira; elle touchera, sur sa propre quittance, les intérêts de sa dot et tous autres revenus quelconques qui lui écherront. Elle recevra de son mari une pension annuelle de 5 000 livres et ce jusqu'à ce qu'elle ait recueilli des successions pour cette somme. Eugène-Rose restera à son père, mais il vivra jusqu'à l'âge de cinq ans, c'est-à-dire jusqu'au 3 septembre 1786, sous les yeux de sa mère, dans l'appartement qu'il occupe à présent, dans la même maison qu'elle. Il sera entièrement défrayé par son père et passera les étés près de sa mère à la campagne. Hortense restera avec sa mère, et *le père* paiera pour elle, par trimestre et d'avance, 1 000 livres jusqu'à ce qu'elle ait sept ans, et 1 500, passé cet âge. Enfin, Alexandre donnera à sa femme les pouvoirs les plus amples toutes les fois qu'il en sera requis ; il paiera tous les dépens de l'instance, et le procès étant éteint et assoupi, tous les droits de Joséphine seront réservés au cas où son mari manquerait à quoi que ce soit des stipulations arrêtées.

Telle est la fin du procès : Joséphine en sort avec les honneurs de la guerre et le douaire que lui a reconnu son contrat de mariage; plus d'incertitude sur l'état de sa fille qu'Alexandre renonce à contester, et pour un an encore la garde de son fils. Le séjour qu'elle a fait à Panthemont a été d'autre part singulièrement profitable à son éducation et à sa situation mondaine. Panthemont était le couvent où s'abritaient de préférence les femmes séparées ou en instance de séparation, les vieilles filles voulant vivre à bon marché, les orphelines en quête de mari. Moyennant pension de 800 livres et l'appartement payé à part, de 300 jusqu'à 1 000 livres par année, on y était tout à souhait. C'était un immense hôtel garni, d'honorabilité entière, ouvert aux femmes de « la première distinction », avec des jardins, des bâtiments sans fin, des églises, des chapelles, à chaque étage des parloirs-salons, un endroit où, par goût, beaucoup de femmes allaient vivre, assurées d'y trouver bon gîte à bon marché et agréable société, plus libres qu'ailleurs, sauf les heures de rentrée, et, au fond, parfaitement indépendantes.

L'indépendance et le monde avaient jusqu'alors manqué à Joséphine, sévèrement tenue, à la ville et à la campagne, sous la férule de Mme Renaudin — laquelle, malgré ses vertus comme tante, ne pouvait guère, par ailleurs, être estimée que pour ce qu'elle était et qui, par la situation même où elle s'était placée, s'était fermé toutes les portes d'un monde où l'on eût admis sans doute qu'elle fût la maîtresse du marquis, mais où nul n'admettait qu'elle vécût maritalement avec lui.

Or, à Panthemont, une fois Mme Renaudin retournée à ses occupations, Joséphine fut la vicomtesse de Beauharnais, une jeune femme malheureuse, irréprochable, victime d'un époux barbare. « Elle était intéressante »; son histoire était pour toucher; ses petits enfants pour émouvoir.

Par l'habituelle rencontre dans les couloirs, les salles à manger, les parloirs et les chapelles, avec des femmes aimables, coquettes, distinguées de toutes manières, par les liaisons qu'entraîne la vie en communauté, Joséphine s'assouplit, se familiarise, s'exerce à bien parler et à bien vivre. Sans doute, ce n'est point avec les grandes dames qui passent à Panthemont qu'elle se lie, mais elle les voit, et c'est assez. Elle a gardé d'elles un si fidèle souvenir, que, seize ans plus tard, leurs noms, entendus alors, sont les premiers qu'elle évoque pour mettre un semblant d'égalité entre elle, femme du Premier Consul, et la duchesse de Guiche, ambassadrice du comte d'Artois, pour créer entre elles deux une sorte de lien de société et faire voir qu'elle sait le monde : « Comment se porte Madame de

Polastron, dit-elle. *Je l'ai vue à Panthemont.* Elle avait une figure bien intéressante et une tournure charmante. »

Comme elle les a regardées ; comme elle a surveillé leurs gestes, épié leurs mouvements, écouté leur son de voix, retenu la banalité de leurs paroles ; comme on se l'imagine attentive, inventant des prétextes pour les saisir au passage, les voir entrer, saluer, sortir, pour saisir le secret de leur aisance aimable et de leur naturelle bonne grâce. A qui, comme elle, dans les longues oisivetés des Trois-Ilets, et, après, de Noisy et de la rue Thévenot, durant des jours et des jours, a étudié ses attitudes et cherché à tirer le mieux parti de son corps ; à qui, comme elle, connaît pour n'en avoir négligé aucune des grâces, chacune des lignes que la femme peut dessiner ; à qui porte en soi, comme elle, par un don supérieur, le sens de l'à-propos, le tact et le goût ; à qui apparaît au premier coup, comme à elle, la tache ineffaçable de cette vulgarité, d'autant plus odieuse et répugnante qu'elle est plus confiante et plus sûre de soi, rien d'aisé comme de s'approprier ces mouvements délicats, ces formes exquises qui désignent au propre les êtres *sociaux* de ceux qui ne sont pas tels et ne le seront jamais.

Joséphine possède déjà, de la femme, deux des vertus essentielles : elle est coquette et elle sait mentir. Sans prendre au pied de la lettre les accusations d'Alexandre, on doit au moins reconnaître qu'en ces deux griefs, il pouvait être fondé. N'eût-il pu d'ailleurs les invoquer contre toutes les femmes au hasard et, ne sont-ce pas là les conditions de leur nature et les raisons même de leur agrément? Et, à ces deux qualités, qu'un mari est tenté de regarder comme des vices, Joséphine ajoute, par la faculté d'assimilation qui est en elle, cette éducation physique qui la mettra tout à part dans une société nouvelle. Elle apprend le ton dont il faut parler, et comme sa voix est jolie et rare, elle prête à ce qu'elle dit un charme incomparable; elle s'ingénie à reproduire ces gestes frêles qui sont d'une dame, elle s'exerce à marcher dans les longs couloirs, comme elle devra faire dans un salon, et c'est ainsi que, peu à peu, elle s'élève et se complète, se rend capable de paraître, susceptible de séduire.

Et, en même temps, par le calme de la vie qu'elle mène, par l'abolition de la jalousie qui l'a dévorée, par la suppression de cette sorte d'esclavage où l'a maintenue sa tante, par ses vingt ans survenant et lui enlevant son air d'enfance trop longtemps conservé, une transformation s'opère en son être physique; cette évolution qui, de la lourde, massive Yeyette, fait l'être délicat et souple, infiniment gracieux et rare, l'être de volupté entre tous désirable, car, nulle des séductions qu'elle peut donner, elle ne l'ignore et, dédaignée, elle a conscience de l'effort qu'il faut faire pour attirer et retenir.

Enfin si, au couvent, elle n'a point formé de liaisons avec les dames du premier rang qui vivent en leur à part et ne se mélangent point, qui seulement passent, soit pour visiter les petites pensionnaires ou pour faire quelques jours une retraite de dévotion, elle a rencontré, sur un degré au-dessous, des femmes plus faciles, plus accueillantes, qui tiennent à la haute domesticité du Château, qui sont de la noblesse de province, ou de la grande bourgeoisie de Paris et qui se font une distraction, un plaisir de plaindre, d'égayer, de dresser une jeune femme. C'est donc là, à Panthemont, que Joséphine forme ses premières relations de société, qu'elle fait ses débuts dans la vie française. A tous les points de vue, cette retraite de quinze mois lui est profitable : — les prisons devaient lui réussir.

X

FONTAINEBLEAU. — LA MARTINIQUE

X

FONTAINEBLEAU. — LA MARTINIQUE

En sortant de Panthemont, Joséphine se trouve, à vingt et un ans, libre de toute tutelle, chargée de pourvoir avec 11 000 livres de rente à son entretien et à celui de sa fille. Encore faut-il que les deux pensions que doivent lui faire son mari et son père soient exactement payées et, pour celle de la Martinique, les envois sont-ils réguliers?

Peut-être bien va-t-elle s'égayer d'un séjour à Croissy-sur-Seine, chez quelqu'une de ses nouvelles connaissances du couvent, avant de rejoindre, à Fontainebleau, vers le milieu d'août, le marquis et Mme Renaudin. Ceux-ci ont éprouvé le besoin de se restreindre, de se dépayser et de faire peau neuve. Alexandre, vivant désormais à part, a emporté ses revenus qui faisaient le gros de la fortune commune ; les propriétés coloniales du marquis, médiocrement administrées par M. de la Pagerie, rendent peu ou point ; la pension de 10 000 livres a été réduite des deux tiers par arrêt du Conseil d'État ; enfin Mme Renaudin, dont le mari semble être mort vers ce moment, est en procès pour sa créance sur le marquis de Saint-Léger qui constitue tout son revenu ; impossible dans ces conditions de conserver une double habitation ; on quitte donc définitivement Paris et, comme l'existence à Noisy, durant toute l'année, serait vraiment trop sévère, on vend la maison qui coûte à entretenir et exige une sorte de train. Des deniers en provenant, on achète à Fontainebleau, rue de France, une petite maison entre cour et jardin, maison à deux fins, car on espère, en même temps que le bon air, trouver des ressources de société et, au moment des voyages de la Cour, quelques motifs de distraction.

On a déjà d'ailleurs des relations à Fontainebleau, et c'est ce qui détermine à y venir plutôt qu'à Compiègne ou à Senlis où se groupent de petites compagnies analogues. La comtesse Fanny y a établi sa résidence, ainsi que ces demoiselles de Cecconi qui ont signé au contrat de Joséphine. Cela fait un point d'appui. D'ailleurs, les gens n'ont pas tant l'habitude de s'enquérir : Mme Renaudin est aimable, intelligente, avisée et elle est à présent d'âge canonique ; sa nièce est jeune et jolie, fait des frais et a trouvé des répondants ; le marquis est décoratif et de nom connu : l'on est généralement bien disposé pour les gens déchus d'une grande position : on satisfait sa vanité en les fréquentant, son envie en les voyant tombés, son orgueil en les surpassant. Ils se plaignent et c'est, pour qui les écoute, une satisfaction de plus. Hormis M. de Montmorin, gouverneur du Château, qui est de bonne maison, frère d'ambassadeur et allié à ce qui est le mieux en Cour, la société que voit le marquis, dont Mme Renaudin se recommande dans ses lettres et qu'on retrouve plus tard dans les comptes de Joséphine, est plutôt bourgeoise ; c'est celle qui, en toute résidence royale, s'accroche aux petits emplois de conciergerie, de gruerie, de capitainerie, pour endosser à des jours un uniforme, parer son nom d'un semblant de particule, obtenir à la fin des lettres d'anoblissement ; en première ligne, M. Deschamps, secrétaire du gouverneur ; M. de Cheissac, maître des eaux et forêts et sa femme ; M. Huc, greffier des deux sièges de la capitainerie, et ses filles ; M. Jamin, concierge de l'hôtel d'Albret et sa femme (le titre de concierge ne doit pas étonner ; Montmorin lui-même, entre ses titres, est concierge); enfin M. Cadeau d'Acy, qui habite porte à porte, dans la rue de France. Le plus brillant est fourni pas le vicomte et la vicomtesse de Béthisy, celle-ci née de Souchon des Réaux, celui-là colonel des grenadiers royaux de Picardie : cette relation vient de Joséphine et à travers Panthemont. A Panthemont, en effet, est abbesse, depuis le mois de février 1743, la tante du colonel, Marie-Françoise de Béthisy, qui dirige la communauté en femme singulièrement experte, et a rebâti l'église et la plupart des bâtiments ; elle s'est constituée la protectrice de la vicomtesse durant son séjour au couvent et lui continue à présent ses bons offices.

Pour tout ce monde, Joséphine ne sera point ingrate : selon une tradition contemporaine, elle sauva, en septembre 1792, la vie de Mᵐᵉ de Béthisy, l'abbesse ; Mˡˡᵉ Cecconi, qui résidait encore à Fontainebleau en 1810, y touchait depuis l'an XII une pension de 1 200 francs, et Mᵐᵉ de Montmorin, née Morin de Banneville, en avait une de 3 600 francs. Quant à Deschamps, dès l'Empire, il avait été appelé près de l'Impératrice comme secrétaire des commandements, avec un traitement de 12.000 francs sur les états de sa Maison et un autre, de même chiffre, sur les états de la Maison de l'Empereur, à titre de rapporteur des pétitions.

Grâce à cette société, Joséphine passe assez agréablement sa vie ; elle va quelquefois au bal, assiste à des comédies de salon et, sans craindre vent ni pluie, elle suit les chasses à cheval. A des jours, en effet, la ville s'emplit d'abois de chiens, de sonneries de cors, de piaffements de chevaux, c'est, avant que le Roi n'arrive, la vénerie royale pour les chasses d'essai ; pas besoin d'être présenté pour courir alors à la queue des chiens ; et quelquefois même, grâce aux protections, apercevoir un sanglier. Le Roi ne vient plus guère qu'en déplacement de chasse pour un jour ou deux : le voyage de 86, où pour donner l'exemple de la vertu — peut-être parce que le comte d'Artois a perdu deux millions — les gros joueurs ont été bannis, a été déplorable d'ennui ; tout manquait, les spectacles, le jeu, la chasse même. En 87, on recule devant la cherté du grand voyage et désormais Fontainebleau tombe dans un silence que trouble seulement, pour un jour ou deux, le passage subit des veneurs.

Joséphine d'ailleurs n'a point qu'à chasser ; elle a fort à faire avec le marquis, avec Mme Renaudin, souvent malades — celle-ci même fort gravement en 87 ; — avec son fils qu'elle garde près d'elle jusqu'en septembre 86 et qui en janvier suivant est mis par son père à la pension Verdière ; avec sa fille, ramenée de Chelles où elle a été près de deux ans en nourrice chez la mère Rousseau et qu'on inocule sur l'ordre de M. de Beauharnais, grand partisan de toutes les nouveautés et trop lié avec les La Rochefoucauld pour ne point partager leur passion pour la vaccine.

Une sorte de détente s'est d'ailleurs produite dans ses rapports avec son mari. On ne se voit pas ; mais, chaque semaine, l'un envoie à l'autre des nouvelles de l'enfant qu'il a en garde. Il semblerait, d'après ses anciennes lettres, que le vicomte ne doit pas s'intéresser fortement à Hortense ; mais l'occasion est trop belle de prêcher, de régenter, de jouer au pion philanthrope et bénisseur pour qu'il la laisse échapper : c'est un être de plus à ranger sous sa férule et il n'en saurait trop avoir — d'autant qu'il est par ailleurs plus dominé, conduit et mis en servitude.

La liaison qu'il a formée avec cette dame de la Martinique est en effet de plus en plus étroite, — et elle coûte cher. Soit pour suivre l'exemple paternel et constituer une fortune particulière à sa maîtresse, soit pour subvenir à des dépenses qui excèdent ses moyens, Alexandre aliène dans le courant de 1786 les biens qu'il possédait en France autour de Blois, il cherche à vendre ce qu'il a aux colonies. Ce n'est pas qu'il ait augmenté la pension qu'il fait à sa femme : il apporte même quelque irrégularité à la payer, mais il a d'autres besoins.

Peut-être est-ce de cette femme que naît, aux environs de 1787, une fille qu'on connaît sous le nom d'Adèle et qui se nomme en réalité Marie-Adélaïde [1]. Point de nom de famille. La mère est donc mariée et n'a pu donner même son nom à sa fille. Beauharnais, marié lui-même, n'a pu la reconnaître. Où cette enfant est-elle, où vit-elle, à qui est-elle confiée jusqu'en 1800 ? A ce moment seulement, elle apparaît dans la vie de Joséphine qui prend soin d'elle de concert avec Mme Renaudin. Celle-ci, mourant, lui lègue une rente de trois cents livres. Joséphine lui donne pour tuteur son ami et confident, Calmelet, subrogé-tuteur de ses enfants ; le 8 frimaire an XIII (29 novembre 1804), elle la marie à un sieur François-Michel-Augustin Lecomte, capitaine d'infanterie, aide de camp du général Meunier, qu'elle fait, à cette occa-

---

[1] Dans la première esquisse de ce livre, j'avais été amené, par une étrange coïncidence de dates, par des rapprochements de faits qui me laissent encore une certaine incertitude, à indiquer, sans l'affirmer, que cette enfant pouvait être la fille non de Beauharnais, mais de Joséphine. Une communication précise, émanant de la source la plus autorisée — du petit-fils même de Marie-Adélaïde — me permet aujourd'hui de me corriger sur ce point. Selon une tradition constante, à l'appui de laquelle, il est vrai, il ne m'a été permis de voir aucun document, il n'y aurait point de doute sur la paternité d'Alexandre. Quant au nom de la mère, il est, paraît-il, resté toujours ignoré.

sion, nommer receveur particulier des contributions à Sarlat ; et, munie de l'autorisation spéciale de l'Empereur, elle la dote d'une ferme située à Pronettes, canton de Glabbeaux, département de la Dyle, achetée 1 195 000 francs le 19 pluviôse an VI. Le million est en assignats, mais les terres sont biens nationaux. En outre, il y a six mille francs de trousseau et six mille francs d'apports.

C'est là, sans contredit, une étrange bonté, s'il est vrai surtout que ce soit la mère de cette Adèle qui ait tant fait souffrir Joséphine, mais on trouverait sans peine des exemples analogues de tels pardons. Pourtant, ici, ce qui en double le mérite, c'est que, aux peines morales, se sont jointes des misères en quelque sorte physiques. Mme Renaudin, malade, s'abandonne : si Alexandre est lent à payer la pension, c'est bien pis pour le Trésor royal, et Joséphine, débutant ainsi en son rôle de solliciteuse près des puissances, doit écrire à diverses reprises au ministre pour demander le paiement des quartiers échus. Puis il s'agit de presser la rentrée des fonds de la Martinique, et ce n'est point là médiocre affaire ; il faut arracher les revenus par bribes de deux et de trois mille livres ; opposition est mise sur l'argent envoyé au marquis à cause des dettes de M. de la Pagerie, son gérant, et ce sont alors des écritures sans fin. Les excuses ne manquent pas : lettres qui ne sont point parvenues, mauvaises récoltes, manque d'occasions sûres, puis des procédures et le reste. Lorsque, à la fin, arrivent deux ou trois mille livres, il y a beau jour qu'elles sont dues et Joséphine veut espérer « que son père s'occupe sérieusement à lui faire passer bientôt des fonds plus considérables ». On vit étroitement et dans les dettes, et l'on voit venir l'heure des « sacrifices ruineux ».

Au milieu de ces inquiétudes, Joséphine n'a-t-elle pas cherché des distractions moins innocentes que le cheval, la chasse et la comédie? Abandonnée à vingt ans par un mari insupportable, dont les liaisons avec d'autres femmes sont publiques, les infidélités notoires et les injustices démontrées, livrée uniquement à elle-même, jeune, charmante, sensuelle, infiniment coquette, comment Joséphine ne prendrait-elle pas un amant? Si jamais femme a été excusable, c'est elle. On dit qu'elle eut, en 1788, un certain M. de Cresnay, cousin de M. de la Vieuville. Y en eut-il d'autres, avant et après? Ce chevalier de Coigny qu'elle sauva en 1800, serait-il le même que ce Cresnay? Que faut-il penser de Scipion du Roure que, plus tard dit-on, elle se donnait elle-même? Mais quoi? Où aurait-elle trouvé une règle de vie si inflexible qu'elle se privât d'être admirée et d'être aimée? Comment se serait-elle uniquement consacrée à des devoirs que nul ne lui avait enseignés et que le milieu où elle avait vécu ne lui avait guère appris à respecter? Ces devoirs, d'ailleurs, n'auraient-ils pas été imaginaires et le lien qui l'attachait à son mari ayant été rompu par son mari même, n'était-elle pas libre de porter où il lui plaisait ses affections et ses désirs?

Est-ce à la rupture de quelque liaison et au déchirement qui l'a suivi, est-ce à quelque imprudence dont il s'agit de dissimuler les suites, qu'il faut attribuer le brusque départ de Joséphine pour la Martinique, en juin 1788? Nul de ses biographes n'a tenté d'expliquer pourquoi, abandonnant son fils qui justement doit venir passer l'été près d'elle, sa tante qui relève à peine d'une grave maladie, son beau-père qui est infirme et a besoin d'être entouré, elle s'évade en quelque sorte de Fontainebleau et, sans savoir s'il y a un vaisseau en partance pour les Antilles, se rend en toute hâte au Havre avec sa fille, si pressée que, sans attendre le bâtiment de l'État sur lequel, dit-on, elle a obtenu passage, elle profite du premier navire de commerce mettant à la voile, un petit et vilain bateau qui manque de périr corps et biens à sa sortie du port. Question d'argent? Sans doute elle en manque ; elle en est dans « un besoin pressant », mais n'en coûte-t-il pas moins encore d'attendre à Fontainebleau les remises de son père que de les aller chercher à douze cents lieues? Le voyage est cher ; il est au moins imprudent pour une femme de vingt-cinq ans qui va ainsi toute seule courir les mers ; il est dangereux pour une enfant de cinq ans comme est Hortense ; il est inopiné, car Joséphine a laissé repartir seul pour les Îles son oncle, le baron de Tascher, venu en France en mai 87 ; il n'est motivé par rien d'officiel, rien qu'on sache, ni par un événement de famille, ni par un deuil, ni par une succession. Qu'est-ce donc? A défaut de documents quelconques, l'on est réduit aux conjectures; et l'obligation de ce voyage mystérieux et subit, étant données les notions qu'on a pu prendre de la psychologie de Joséphine, ne peut tenir qu'à une de ces deux causes : amour ou dettes. Peut-être trouvera-t-on quelque jour une preuve de poursuites exercées contre elle et aboutissant à un décret de prise de corps? Peut-être rencontrera-t-on quelque lettre précisant et affirmant la nécessité physique d'un départ? Ce qui est certain, c'est qu'il y a contrainte.

Sauf le coup de vent à la sortie de la rivière, la traversée est heureuse et rapide. Arrivée à la Martinique, Joséphine se rend immédiatement aux Trois-Ilets et, dans cette médiocre habitation, près de son père déjà très malade — il est mort deux ans plus tard le 7 novembre 1790, — près de sa sœur dont la santé inquiète depuis longtemps et qui succombe, dit-on, à une passion malheureuse dont on a vu les conséquences — elle est morte le 4 novembre 1791, — elle passe fort tristement près de deux années. La société est naturellement des plus restreintes : elle se borne aux voisins les plus proches, les Marlet, les Ganthaume, les d'Audiffredi, les Girardin, les Percin[1].

---

[1] La plupart de ces noms se retrouveront plus tard dans les comptes de Joséphine : elle fera, en l'an XII, une pension de 1 200 francs à M. de Girardin; elle comblera les d'Audiffredi (qui sont une branche cadette des d'Audiffret de France), adoptera presque les enfants : Alix d'Audiffredi qu'elle fera élever à ses frais chez Mme Campan, et Sainte-Catherine qu'elle mettra en pension chez M. Gay-Vernon, qui plus tard entrera aux pages, ne voudra point abandonner l'Empereur en 1815, s'immortalisera par son dévouement.

La vie est monotone, étriquée et sans but ; les heures sont inoccupées et longues, et les soucis, les cruels soucis d'argent sont pareils à ceux qu'on trouvait à Fontainebleau. Joseph-Gaspard Tascher de la Pagerie mourra insolvable : à sa mort, sa veuve, à force d'implorer les créanciers, obtiendra d'eux un concordat où elle promettra de répartir entre eux 30 000 livres dans le délai de trois années, puis 30 000 livres par an jusqu'à parfait paiement des dettes.

Qu'on juge dès lors ce qu'il faut penser du luxe de l'habitation et de ce que devait être l'existence avant cette dernière et suprême faillite.

Joséphine n'avait même pas chance de s'émanciper à Fort-Royal où, entre sa tante Rose et son oncle Tascher, elle retombait en tutelle : elle reste donc là, dans la purgerie, épave échouée attendant les marées incertaines, le coup de vent qui la remportera au large, vers ce Paris adoré dont elle a goûté à peine et dont le mirage la hante.

XI

LE RETOUR

XI

LE RETOUR

Pendant que Joséphine court les mers, Beauharnais fait son chemin : une compagnie dans un régiment de cavalerie ne saurait longtemps suffire à son génie ; il n'a sans doute fait aucun service dans Royal-Champagne, et l'on ignore même s'il y a paru, mais il n'en a pas moins tous les droits à être avancé, et le 1ᵉʳ mai 1788, il rentre major en second dans la Sarre. C'est un grade créé cette année même, le 17 mars, et destiné à ceux des capitaines en pied, de remplacement ou de réforme, ayant au moins cinq ans de services, que « leur naissance et les services de leurs pères destinent plus particulièrement au commandement d'un régiment ». Pour parler franc, c'est le moyen qu'on a imaginé pour donner satisfaction à des officiers fort protégés, qui tous prétendent être colonels et qui, dès qu'ils ont atteint vingt-cinq ans, s'indignent qu'ils ne le soient point. Tel Beauharnais en 1784.

C'est au duc de la Rochefoucauld, dont il continue à

être le commensal, qu'il doit cette faveur de la Cour, et désormais, sous la monarchie, sa carrière est assurée. Mais quoi, finir maréchal de camp, lieutenant général, la belle affaire ! Que prétend-il donc ? que veut-il ? que rêve-t-il ? Il ne sait trop, parce qu'il embrasse ensemble toutes les ambitions, mais moins son but est défini, plus son inquiétude est grande. Il croit avoir des griefs, parce que les faveurs ne sont point toutes venues le trouver ; il est certain qu'il est victime d'injustices parce qu'on n'en a point fait en sa faveur. Il s'est attiré des mortifications, soit que sa séparation lui ait fait tort, soit que, par ailleurs, il ait déplu, soit qu'on le trouve en une coterie qui n'est point en bonne odeur. Aussitôt que les symptômes précurseurs de la Révolution se laissent entrevoir, il est en effet au premier rang des novateurs, dont son patron s'est fait le protecteur le plus qualifié. Fondateur, président ou souscripteur de toutes les sociétés philanthropiques qui, sous un prétexte de bienfaisance ont dissimulé jusque-là leurs tendances anarchistes, le duc de la Rochefoucauld, signalé par ses relations avec les philosophes et les littérateurs, a pris position à l'Assemblée des Notables et s'est établi avec son cousin, le duc de Liancourt, le chef des aristocrates libéraux. — Ces deux mots jurent, mais combien plus les idées ! — Grand nom, grande fortune, cœur généreux, esprit médiocre, il est né à souhait pour le rôle qu'on veut lui faire jouer, et, derrière lui, se groupent naturellement la cohue des utopistes, des mécontents et des envieux.

Beauharnais est tout cela ensemble : on l'a vu aux phrases qu'il écrit; on le sent mieux à sa vie ballottée sans boussole avec la perpétuelle inquiétude d'autre chose. Moins sa conscience est nette, plus il entasse de phrases pour en attester la pureté. Plus sa vie est orageuse et déséquilibrée, plus il souhaite de détruire l'organisme social contre lequel il est insurgé. Ses passions et ses aventures sont vulgaires, mais il les ennoblit par des déclamations; il croit en tirer un relief d'homme incompris, d'homme qui a souffert pour et par la femme, et, du haut de sa vertu éprouvée, il dicte des oracles aux peuples. Dès les premières assemblées provinciales, à l'en croire, il se signale, il se met en avant; il reçoit une place d'administrateur, « la seule compatible avec la carrière militaire qu'il entend suivre ». Administrateur est peut-être beaucoup : le vrai est qu'il est nommé par l'Assemblée provinciale de l'Orléanais, membre, pour la Noblesse, de l'Assemblée de département de l'Élection de Romorantin. Le Département comprend deux Élections (Blois et Romorantin), et, dans chaque élection, l'Assemblée provinciale a choisi un membre pour le Clergé, un pour la Noblesse, trois pour le Tiers État[1].

Les États généraux convoqués, Alexandre se présente à la Noblesse du bailliage de Blois pour en être l'un des deux députés. Il se trouve là un homme

---

[1] L'assertion d'Alexandre est formelle et ne peut se rapporter qu'à cette nomination. Toutefois le Beauharnais nommé est qualifié *marquis* dans le *Procès-verbal des séances de l'Assemblée provinciale de l'Orléanais*.

dont le nom est célèbre par des travaux d'un autre genre qui, établi depuis vingt ans à peine dans le Blésois, s'y est acquis, par ses largesses, une popularité très grande. C'est le fermier général Lavoisier, membre de l'Académie des sciences. En 1778, il a acheté des Bégon la terre de Freschines, il a provoqué par son exemple un réel progrès agricole et surtout, lors du cruel hiver de 1788-89, il a offert sans intérêt, à la ville de Blois, cinquante mille livres pour être employés en achats de grains. Il est la forte tête de l'assemblée dont il est élu secrétaire et dont il rédige les cahiers. Peut-être, n'étant point noble, craint-il, s'il est élu député de la Noblesse, que son élection ne soit contestée. Quels que soient ses motifs, c'est lui qui, pris d'une belle flamme pour Beauharnais, cabale en sa faveur et le fait nommer presque à l'unanimité.

Le cahier que Lavoisier a rédigé et qu'Alexandre est chargé de soutenir est le plus révolutionnaire que l'on puisse trouver en France, tout inspiré des doctrines de Jean-Jacques, tout imprégné de paradoxes philosophiques. En voici, du reste, la préambule : « Le but de toute institution sociale est de rendre le plus heureux qu'il est possible ceux qui vivent sous ses lois. Le bonheur ne doit pas être réservé à un petit nombre d'hommes : il appartient à tous : ce n'est pas un privilège exclusif qu'il faut disputer, c'est le droit commun qu'il faut conserver, qu'il faut partager, et la félicité publique est une source dans laquelle chacun a droit de puiser la sienne. » Tout est dans ce cahier : le vote par tête, l'interdiction d'une chambre héréditaire, l'emploi de l'armée aux ouvrages publics et aux confections de chemins, l'abolition des privilèges, la justice gratuite, la simplification des formes, un code criminel inspiré de la jurisprudence criminelle d'Angleterre, l'établissement d'un conseil chargé de former un plan d'éducation nationale, la suppression de la capitation, la fixation des dépenses, la liberté des métiers, quoi encore ?

Beauharnais est donc fidèle à son mandat et conséquent avec lui-même lorsque, dès son arrivée à Versailles, il se range dans la minorité de la Noblesse, les *Quarante-Sept*, avec Castellane, La Fayette, d'Aiguillon, le duc d'Orléans, les deux Toulongeon, Bureau de Puzy, Lezay-Marnesia, Luynes, Menou, Lameth, Lally Tollendal et, par-dessus tous, son patron, le duc de la Rochefoucauld. Il est des quarante-sept qui, le 25 juin, viennent se réunir au Tiers pour la commune vérification des pouvoirs. Dans la nuit du 4 août, cette nuit où, dans une ivresse de dévouement, tant de gens sacrifient ce qui ne leur a jamais appartenu, il propose l'égalité des peines pour toutes les classes de citoyens, l'admissibilité de tous les citoyens dans tous les emplois ecclésiastiques, civils et militaires : il soutient et précise sa motion le 21 août, lors de la discussion par la Déclaration des Droits, et, en récompense de son attitude lorsque l'assemblée, après les journées d'octobre, est livrée à la gauche par le départ ou l'abstention de la droite, il est, le 23 novembre, élu secrétaire avec Volney et Dubois-Crancé pour collègues et d'Aiguillon pour président.

Dès lors, il a, dans l'Assemblée nationale, une position ; il parle de la vertu ; il trouve cette formule des *Capacités* destinée, malgré la barbarie du mot, à faire un si beau chemin dans le langage politique ; il s'empare, en sa qualité de major en second, de la spécialité militaire ; il propose, le 13 décembre 1789, un projet d'organisation démocratique de l'armée et de la milice — celle-ci « établie sur le principe que le roi et l'héritier présomptif pourront seuls être exemptés du service militaire », celle-là « assez forte pour nous empêcher d'être conquis, mais point assez pour nous conquérir ». — Ce n'est pas assez pour lui d'être membre du Comité militaire, d'organiser l'armée française, de refuser au Roi le droit de guerre, de régler l'avancement, de rapporter sur le Génie et les États majors, de discourir sur l'affaire de Nancy, sur la Garde du Roi, sur les officiers réformés, sur les invalides, sur les retraites, de faire autoriser par l'Assemblée la présence des militaires dans les clubs hors le temps de service : il parle sur les juifs, il parle sur les moines, il parle sur la presse, il parle sur la marine, les ponts et chaussées et les inondations, il parle — ou plutôt il lit — sur toute chose ; et c'est toujours le verbiage des lettres à Joséphine, toujours le pédantisme à la Patricol, et le néant de la pensée noyé dans la redondance des périodes. Et la Constituante ne lui suffit pas : il lui faut les Jacobins, où il se met en si belle vue que c'est lui qui, élu président à la mort de Mirabeau, mène, comme tel, le deuil en tête de la Société.

A-t-il alors quelque idée de réconciliation avec sa femme? On l'a dit, mais la chose est au moins douteuse. Joséphine, à la Martinique, ne le gêne point et ne l'empêche nullement de parler de sa vertu. Il s'est réinstallé dans le petit hôtel de la Rochefoucauld, après avoir vécu à Versailles à l'hôtel de Brissac, rue du Vieux-Versailles; il pousse des brouettes au Champ de Mars et s'attelle à la même charrette que l'abbé Sieyès pour préparer le terrain de la Fédération; il a des femmes, beaucoup de femmes, et de très belles, et de très jolies, et de très bien nées, car il est à la mode et il marche à peine sur ses trente ans; en vérité que ferait-il de sa légitime épouse?

Il se tient débarrassé d'elle moyennant sa pension qu'il lui envoie fort régulièrement à présent par Mme Renaudin [1], mais, si la séparation fait ainsi l'affaire du mari, plaît-elle autant à la femme?

Certes, à la rue Thévenot et à Noisy, l'existence était sévère et les distractions absentes; mais, à Panthemont, fût-ce par le trou de la serrure, Joséphine a aperçu le monde; elle l'a fréquenté à Fontainebleau; elle en a pris le goût, contracté la maladie. A présent, combien plus triste lui paraît la vie déplorablement

[1] Durant le séjour de Joséphine à la Martinique, Mme Renaudin a reçu pour elle 17 403 livres, de juin 1788 à fin 1790. Alexandre devait là-dessus au moins 15 000 livres. Le surplus était pour des achats, des emplettes, des paiements de gages et des règlements de compte relatifs à Eugène.

oisive, sans horizon, sans société, sans coquetterie, cette vie où elle se retrouve petite fille, sous le joug maternel, après s'être émancipée, avoir couru l'aventure ! Mme de la Pagerie est autoritaire et dominante, d'un caractère difficile ; elle ne peut pardonner à sa fille d'avoir compromis — par sa faute ou non — une situation brillante, d'avoir tari la belle source d'argent où il était si agréable de puiser. Rien que des malades autour de soi, M. de la Pagerie et Manette ; et puis, la misère. Enfant, jeune fille, elle ne la sentait point, cette misère, n'ayant jamais goûté de cette espèce de luxe qui lui manque plus à présent que le matériel de la vie, et dont la privation lui est le pire supplice. Et, à Paris, pendant ce temps, M. de Beauharnais joue les premiers rôles : il occupe le monde entier de sa personne et de ses discours ; car, qui ne regarde vers l'Assemblée constituante — devenue, comme l'on dit, « le Pôle de l'Humanité » — et Alexandre n'en est-il pas un des directeurs ? Puis, et par surcroît, à la Martinique les troubles commencent et les massacres se préparent. Les doctrines des « Amis des noirs », — des amis des Anglais, — portent leurs fruits de ruine. Lutte ouverte entre les créoles et le gouverneur, entre les blancs et les hommes de couleur ; Tascher, l'oncle de Joséphine, capitaine de port à Fort-Royal (commandant les ports et rades de la Martinique) élu maire illégalement ; collision à Saint-Pierre le 10 juin 1790, massacre de quinze hommes de couleur, arrestation des massacreurs, révolte de la garnison du fort Bourbon chargée de les garder ; Tascher, intervenant pour rétablir la paix, fait prisonnier par les rebelles avec les officiers municipaux qui l'ont accompagné ; anarchie complète ; le gouverneur, M. de Damas, obligé d'évacuer, non seulement la capitale, mais les forts qui la défendent ; enfin, la division navale aux ordres de Durand de Braye menacée, des canons braqués sur elle pour la retenir, l'obliger à hiverner dans le port du Carénage.

Durand de Braye est fort naturellement en relations avec les Beauharnais ; il connaît Joséphine, il l'avertit de son départ imminent, lui offre passage sur la frégate *la Sensible*, mais lui donne à peine le temps de réunir quelques effets indispensables. Le 4 septembre, sous le feu du fort Bourbon et du fort Royal, *la Sensible* appareille et défile avec le vaisseau *l'Illustre* et les bâtiments légers de la station. Quelques boulets mal dirigés, et l'on est hors de peine, en route pour France.

Pendant la traversée, Joséphine, dénuée de tout, est obligée de recourir, pour vêtir sa fille et elle-même, à la charité de l'état-major et de la maistrance, mais enfin l'on arrive au commencement de novembre (le courrier apporté par *la Sensible* est au *Moniteur* du 14) et Mme de Beauharnais se rend immédiatement à Paris où, dit-on, en attendant qu'elle connaisse les dispositions de son mari, elle se loge à l'hôtel des Asturies, rue d'Anjou.

A partir de là, obscurité complète l'invention a beau jeu : l'on veut à tout prix que les deux époux se soient réconciliés et, de cette grande affaire, l'on a même deux versions : selon l'une, Alexandre attend impatiemment sa femme, il est prêt à tout faire pour expier ses torts ; selon l'autre, il n'est point informé de son retour, mais des officieux s'entremettent, il consent à voir sa fille et sa femme ; à la vue d'Hortense habillée en jeune Américain, il se retrouve, reconnaît son sang et le reste s'ensuit.

Par malheur, il n'y a pas réconciliation, nulle reprise de vie commune ; Alexandre continue à habiter rue des Petits-Augustins, à l'hôtel de la Rochefoucauld ; Joséphine se loge, rue de l'Université, en une maison qui, vraisemblablement, est un corps détaché d'un hôtel ayant sa principale entrée rue Saint-Dominique ; d'où, simultanément, des lettres adressées aux deux rues. Les stipulations de l'acte de séparation sont fidèlement observées et, en droit au moins, nulle modification n'a été apportée à la situation.

En fait, certains adoucissements ; sans vivre ensemble, les deux époux, qui se trouvent bientôt avoir des connaissances communes, se rencontrent dans les mêmes salons, se parlent même à part, échangent des idées au sujet de l'éducation des enfants, peuvent même prendre, pour des questions d'affaires, quelque confiance l'un dans l'autre, mais nulle intimité n'en résulte et, à coup sûr, ce n'est rien de la vie que Joséphine eût pu rêver.

XII

FIN DE LA CONSTITUANTE

XII

FIN DE LA CONSTITUANTE

Le marquis et Mme Renaudin étant toujours à Fontainebleau, Joséphine y passe avec ses enfants l'été de 1791, et c'est là qu'elle apprend l'élection de son mari à la présidence de la Constituante. C'est le 18 juin. Trois jours après, les circonstances font d'Alexandre le personnage le plus en vue qui soit en France, le placent au premier rang des autorités, et répandent son nom dans l'univers. En prenant séance le 21 juin, à 8 heures et demie du matin, le président annonce à l'Assemblée que, dans la nuit, le roi et la Famille Royale ont été enlevés par les ennemis de la chose publique, et pendant cette séance qui dure sans interruption jusqu'au dimanche 26 à trois heures de l'après-midi, cent vingt-six heures et demie, tout ce temps, — sauf le jour de la Fête-Dieu, lorsqu'il va, à la tête du côté gauche, mener la procession constitutionnelle de Saint-Germain l'Auxerrois, — tout ce temps, Alexandre est sur la brèche ; il répond aux députations qui se succèdent sans relâche ; il prend les mesures les plus graves ; il fait comparaître les ministres et les généraux, il donne des ordres en souverain, si bien que, à Fontainebleau, on dit, en regardant passer son fils Eugène : « Voilà le Dauphin ! »

N'est-ce pas un étrange rapprochement que de trouver ainsi face à face en cette affaire de Varennes, le marquis de Bouillé, l'héroïque soldat de la Dominique, de Saint-Eustache et de Saint-Christophe, le dernier général qu'ait eu la France monarchique et ce Beauharnais qui a vainement sollicité de lui servir d'aide de camp, qui n'a nulle part vu tirer un coup de fusil, dont les états de service attestent uniquement les faveurs dont il a été l'objet, — l'un qui a dévoué sa vie à son roi et à son pays, l'autre dont la brève existence n'a été jusqu'ici qu'un tissu de sottises et de scandales, — et c'est celui-ci qui l'emporte sur celui-là, c'est Beauharnais qui proscrit Bouillé, c'est l'homme qui n'a que de la salive à jeter pour son parti qui terrasse l'homme qui a versé son sang pour sa nation. Bouillé peut se tromper, — quoiqu'il soit dans la ligne de son devoir, comme sujet, comme gentilhomme et comme soldat ; — Beauharnais peut avoir raison, étant donnés les devoirs nouveaux qu'il a assumés, mais qui des deux a le beau rôle et lequel vaut-il le mieux être du renégat qui brûle ses anciens dieux et qui tue leurs prêtres, ou du croyant qui, au pied des autels désertés, reste pour attester sa foi par les ultimes sacrifices ?

De cela Beauharnais n'a cure : du 18 juin au

3 juillet, il est autrement roi que Louis XVI ; il l'écrase, il le met en accusation ; il le fait interroger ; il fait interroger la Reine et, du ton pédant qu'il tient de Patricol, il régente, dirige, discourt aux applaudissements de la gauche ; toutes les satisfactions il les éprouve, et on les sent à chacune de ses paroles : il est le maître, il se sent parvenu à un comble de fortune digne de son mérite ; il donne des leçons, — et à qui ? — à ce roi contre lequel il a amassé toutes les rancunes de son amour-propre et de sa vanité blessés, à cette reine qui ne l'a point distingué, le fat qu'il est, à ce qui reste, en cette pauvre cour, de fidélités survivantes et de suprêmes dévouements.

Qu'on l'écoute lui-même en cette lettre à son père, cette lettre datée *de l'Assemblée nationale, le lundi 27 juin au soir*, cette lettre qui semble copiée du *Conciones* et où, à chaque mot, transpire la suffisance : « Je me reprocherais si ma situation actuelle, que les circonstances critiques ont rendue périlleuse, pénible et honorable plus qu'aucune autre présidence, m'empêchait de vous offrir l'expression de mes sentiments. Je suis épuisé de fatigue, mais je trouve des forces dans mon courage et dans l'espérance que, méritant par mon zèle une partie des éloges que l'on m'a prodigués, je peux être utile à la chose publique et au maintien de la tranquillité du royaume. Je vous prie, mon père, de recevoir mes hommages, et d'agréer l'expression de mon respect et de mon tendre dévouement. »

Ainsi, toujours le rôle appris, récité ; l'homme

illustre parvenu aux grands honneurs, sauveur de sa patrie, dictateur de sa nation, qui, du haut de sa fortune, donne l'exemple des vertus filiales, cela est romain sans doute, mais le marquis eût peut-être préféré quelque monnaie à de si belles phrases.

En ce même mois de juillet, le 31, Alexandre est réélu président de l'Assemblée, et, par cet honneur presque sans précédent, mis en vedette, désigné, comme on disait, entre les fondateurs de la liberté. D'autant plus que, durant cette présidence, la Constituante, à la veille d'expirer, prétend coordonner et codifier ces articles de constitution qu'elle a votés sans ordre, comme au hasard, où elle a mis bien plus de philosophie que de politique, de sentimentalisme que de raison. Elle voudrait à présent y revenir, donner un peu de force et d'action à cet exécutif dont elle a fait un porc à l'engrais dans le rouillis du charcutier ; elle voudrait verser un peu de réalité dans l'idéologie naïve avec quoi elle a prétendu, à ses débuts, qu'on pouvait faire du gouvernement ; mais il est trop tard et, pour que ses débats eussent un résultat utile, il y faudrait un autre président : un, qui, profitant de l'extraordinaire situation que les circonstances lui ont créée, osât dire que la Constitution telle qu'on l'a faite, loin d'être la panacée universelle, entraîne fatalement la guerre civile, la guerre étrangère, l'anarchie générale, — mais qu'attendre de l'homme qui semble, par la tournure qu'il donne à la discussion, envier l'honneur de rendre cette Constitution plus inexécutable encore ?

Lorsque Joséphine revient de Fontainebleau, on peut croire que c'est le moment où elle se lance dans le monde : elle a des liaisons qu'on connaît : d'abord des créoles, une Mme Hosten, de Sainte-Lucie, qui habite la même maison, et par elle, elle se trouve en un milieu mélangé de finance et de parlement, assez élégant, assez riche encore, et où l'on s'amuse ; elle fréquente chez la vieille marquise de Moulins, chez qui elle rencontre quelques gens de lettres de l'Almanach des Muses et beaucoup de monde, mais là, on ne la remarque guère ; « elle se confond dans un groupe de petites dames qui paraît assez terne » ; Mme de Moulins a des loges aux principaux théâtres et les offre volontiers, Joséphine en profite et prend là ce goût de spectacles qui chez elle sera si vif ; elle voit la marquise d'Espinchal, Mme de Barruel Beauvert, Mme de Lameth, même Mme de Genlis. Elle est liée d'amitié avec Charlotte Robespierre, « lui témoigne beaucoup d'attachement », lui fait même présent de son portrait en miniature. Elle retrouve çà et là les hommes avec qui Beauharnais est frotté d'intérêts à l'Assemblée : la Fayette, d'Aiguillon, Crillon, Montesquiou ; Duveyrier qui lui fait quelque peu la cour ; Menou, qui, plus tard, se souviendra utilement de l'avoir rencontrée, Hérault de Séchelles dont Beauharnais est jaloux, car ils sont amoureux de la même femme, la jolie Mme Amelot, dont le mari est administrateur en chef du Trésor. De la famille et des alliés, elle voit Lezay-Marnesia et la ci-devant comtesse Fanny revenue à peine de son voyage de propagande en Italie avec le citoyen Cubières-Palmezeaux ; mais il y a brouille complète avec le frère et le cousin d'Alexandre qui, tous deux députés, siègent à droite et vont émigrer ; le frère surtout est des intransigeants et se plait à s'entendre appeler le *féal Beauharnais* ou *Beauharnais sans amendement*. Par contre, Joséphine voit sa femme, née Beauharnais elle aussi, fille de Fanny. Il ne semble pas qu'elle entre chez les La Rochefoucauld, quoique Alexandre soit devenu leur allié en 1788, par le mariage du fils puîné du duc de Liancourt avec une de ses cousines, Mlle Pyvart de Chastullé — celle-là dont Joséphine impératrice fera sa dame d'honneur ; — mais elle voit Mathieu de Montmorency, le marquis de Caulaincourt et surtout le prince de Salm-Kyrbourg avec sa sœur la princesse Amalia de Hohenzollern-Sigmaringen.

Ce prince de Salm qui habite, rue de Lille, un merveilleux palais, chef-d'œuvre de Rousseau, a été fort riche, quoi qu'on en ait dit, et assez bien à la Cour de France, mais, depuis 1789, il s'est, par une sorte de vertige, lancé, en plein mouvement de gauche ; il a été, par La Fayette, chef de bataillon de la garde nationale et s'est rendu ridicule par son zèle. Il a fait de son hôtel le rendez-vous des Constituants du côté gauche, et Alexandre, qui parait au moins aussi bien avec la sœur qu'avec le frère, leur racole des invités : singulier divertissement que prend là ce prince allemand et qu'il paiera, moins de quatre ans plus tard, de sa fortune et de sa tête.

La princesse de Hohenzollern, dont le dévouement

à son frère est sans limites, a été heureuse de rencontrer parmi ces femmes politiques, harengères de salons, une femme qui s'occupe de toilette, d'amour et de futilités, et elle s'est prise d'une grande sympathie pour Joséphine. Celle-ci le lui rend et elles se donnèrent par la suite des preuves d'amitié qui ne sont pas banales [1].

Impossible qu'Alexandre et sa femme ne se rencontrent pas chez la princesse de Hohenzollern. Ils se font bon visage, mais l'intimité s'arrête là : de la vertu, Beauharnais parle en fort beaux termes, mais la fidélité conjugale n'y est pas comprise. Aussi bien est-il difficile de préciser : c'est à coup sûr le moment où tous ceux qui, par la suite, se sont réclamés d'une ancienne connaissance, ont rencontré Joséphine ; un mélange singulier qui tient sans doute aux milieux très divers où elle fréquente. Elle a peu de choix, comme une nouvelle débarquée avide de monde et

[1] Après le supplice de son frère, la princesse de Hohenzollern avait acheté et fait enclore d'un mur le champ où reposait, au milieu de treize cent quatorze victimes guillotinées en six semaines à la Barrière du Trône, les restes du Prince de Salm. Elle prétendait les reconnaître et les transporter en Allemagne dans le tombeau des ancêtres ; la recherche fut vaine. Et quelle recherche ! Ce fut là, pourtant l'origine de cette fondation de Picpus, une des associations les plus étonnantes que la Révolution ait fait instituer...

Bonaparte, premier consul, laissa la princesse de Hohenzollern fonder cette œuvre des morts qui consolait les vivants ; il rendit au prince de Salm, orphelin, les biens de son père ; en 1803, il lui tailla une principauté dans l'évêché de Munster. A la princesse de Hohenzollern, les portes des Tuileries furent ouvertes à deux battants ; ce fut à elle que les princes de Hohenzollern-Sigmaringen et Hechingen durent de faire partie de la Confédération du Rhin et enfin, ce fut pour elle qu'à son fils, le 4 février 1808, l'Empereur donna de sa main une épouse : Antoinette Murat, élevée au rang de Princesse et pourvue d'une dot de fille de France.

qui n'a personne pour la diriger ; elle va donc où on
l'invite et où on lui fait accueil : mais, de ce salon et
de cet hôtel dont, suivant quelques sots, elle faisait si
agréablement les honneurs, nulle trace. Elle continue
à vivre en son à-part et, avec ses rentes, a fort à
faire pour subsister très modestement, très simplement. De la Martinique où son père vient de mourir
insolvable, elle ne reçoit rien ; Alexandre n'est guère
en meilleure posture vu les événements de Saint-Domingue, et il n'y a pas à dire qu'il trouve dans ses
fonctions de quoi subvenir au luxe de sa femme ;
en ce temps, très reculé, s'il y avait déjà chez les
parlementaires autant de sottise que depuis, il y
avait au moins une honnêteté qui tenait à leur inex-
périence.

D'ailleurs, même en admettant qu'il y ait eu un
temps de splendeur relative — ce que contredisent les
modestes achats de petits taffetas que fait alors Joséphine, ce que contredisent encore les dettes qu'elle
contracte vis-à-vis des correspondants de sa mère à
Dunkerque, vis-à-vis même de la bonne de ses enfants,
Mlle Lanoy, — comme ce temps fut court ! Arrivée en
novembre 1790, Joséphine a dû se reconnaître, chercher un appartement, s'installer. Vers janvier, elle
a reçu la nouvelle de la mort de son père, dont il a
bien fallu porter le deuil. Elle a passé l'été de 1791
à Fontainebleau et à la fin de septembre, à la clô-
ture de la Constituante, les députés retombent dans
une obscurité sans espoir, puisqu'ils ont donné ce
rare et imbécile exemple de désintéressement de se

déclarer eux-mêmes inéligibles à la législature suivante.

Alexandre part tout de suite pour le Loir-et-Cher où il est nommé membre de l'administration départementale ; il y réside constamment, s'emploie à maintenir l'ordre public, à installer l'évêque constitutionnel, son ancien collègue Grégoire, de la Société des Amis des Noirs qu'il a plus qu'autre contribué à faire élire ; il donne des gages de son patriotisme en achetant des biens nationaux autour de la Ferté-Beauharnais dont il semble se considérer, à la suite de l'émigration de son frère aîné, comme l'unique propriétaire. Nulle trace qu'il ait avec lui qui que ce soit des siens. D'ailleurs, cet exercice des fonctions administratives est fort bref. Depuis le 25 août 1791, il est inscrit comme adjudant général avec rang de lieutenant-colonel, dans les cadres de l'État-major général : le 7 décembre, il reçoit une lettre du ministre et un ordre du Roi lui enjoignant de rejoindre M. de la Morlière, commandant la 21ᵉ division à laquelle il est attaché, et, s'il passe encore quelque temps à Blois et à la Ferté sans obtempérer, ce n'est point pour faire le bon père et le bon mari.

XIII

LE GÉNÉRAL BEAUHARNAIS

XIII

LE GÉNÉRAL BEAUHARNAIS

Un mois, deux mois, près de trois mois se passent avant que le ci-devant président de la Constituante se détermine à aller occuper son poste. Sans doute encore quelque affaire de femme, car il en a toujours. Puis, il met en ordre ses affaires, il continue à veiller sur la sûreté publique et surtout il déclame. « Nous commençons une année critique qui me destine à de nouveaux dangers, écrit-il à son père le 17 janvier 1792, mais j'y suis familiarisé et toutes mes sollicitudes sont pour votre repos... Accueillez donc, mon père, avec bonté, mes vœux pour votre bonheur et donnez-moi en retour, pour porter aux hasards de la guerre, votre sainte bénédiction. » Un soldat n'écrit point de ce style, mais Beauharnais n'est pas un soldat.

Dans cette lettre, pas un mot de sa femme et de ses enfants, qui pourtant, si l'on en croit Eugène, sont établis à Fontainebleau près du marquis. Ne devrait-il pas d'abord les recommander à son père, les lui con-

fier, en prendre souci tout au moins à la veille d'un
tel départ? Eût-on manqué de citer une phrase, un
mot qui eût prouvé, indiqué la réconciliation? Mais,
pas plus dans cette lettre que dans celles qu'il écrit
par la suite, il n'est question de sa femme et de ses
enfants. Peut-être ne trouve-t-il point cela assez
stoïque, assez romain ; peut-être cela manque-t-il
dans les modèles qu'il copie.

Des lettres, encore des lettres : car, et c'est là
l'étrange d'une telle situation, toute la hiérarchie se
trouve faussée par cette rentrée dans l'armée, à leur
ancien rang d'officiers, des ci-devant Constituants. Tout
lieutenant-colonel qu'il est par un désintéressement
à la Cincinnatus, Alexandre ne peut oublier que, trois
mois auparavant, il donnait des ordres au ministre de
la Guerre et qu'avec Louis de Narbonne il était sur
un ton d'intimité. Il ne s'en défait pas, car la subordi-
nation n'est pas son fort ; il fournit à Narbonne des
avis qui ont une tournure d'injonctions ; il lui offre
des conseils où l'on sent le maître. Adjudant commandant, soit ! mais avec les airs d'un dictateur qui attend
qu'on le vienne supplier de reprendre le gouvernement des armées.

Il est encore à la Ferté le 24 janvier 92 ; il se décide
alors à venir à Paris, et il y passe tout un mois, toujours sur le point de voler aux frontières, arrangeant
ses affaires, — obtenant en effet pour son vénéré père,
le 29 février 1792, une pension de 10 000 livres en
considération de ses services. Il part enfin, et, à Valenciennes où il est envoyé, son premier acte est de se

faire inscrire à la Société populaire dont il ne tarde pas à être élu président.

Les hostilités commencées, il est désigné pour le 3ᵉ corps que commande le maréchal de Rochambeau en personne (23 avril). Il assiste aux premières opérations et, directement, rend compte au Comité militaire de la Législative de la déroute de Mons. « J'ai cru, Messieurs, dit-il en terminant, devoir vous communiquer mes idées sur la situation présente ; mon sort comme le vôtre est, vous le savez, lié indissolublement au succès de la Révolution. Je crains que de nouveaux désastres m'empêchent de servir encore avec la responsabilité d'un chef, mais je serai toujours soldat. Je resterai dans le rang, je m'y ferai tuer et je ne survivrai pas à la perte de la liberté de mon pays. » Semblable lettre, avec la même péroraison qu'il affectionne : « Je ne veux pas survivre à la perte de la liberté de mon pays », adressée trois jours après, le 8 mai, au ministre de la Guerre, qui en donne lecture à l'Assemblée législative.

Sur de tels services, Alexandre est promu, le 23 mai, adjudant général colonel, et il est employé à l'Armée du Nord sous Luckner ; il continue à correspondre avec l'Assemblée, à rendre compte des moindres combats et à fournir en beau style ses impressions. (Lettre datée du quartier général de Menin le 25 juin, sur la blessure reçue le 24 par du Châtelet. *Moniteur* du 29.) Au commencement d'août, le ministre veut l'envoyer, sous Custine, au camp de Soissons, mais cela n'est point son affaire ; il préfère rester près de Luckner et l'obtient : c'est là, à Metz, que le trouvent les commissaires de la Législative chargés de faire accepter par l'armée la révolution du Dix Août : « A notre arrivée, écrivent-ils, nous avons reçu les marques de la plus grande confiance ; on nous a rendu tous les honneurs dus au caractère dont nous étions investis. M. Luckner et deux autres officiers, l'un desquels était M. Beauharnais, sont venus au-devant de nous. »

Non contents de lui avoir rendu ce témoignage, les commissaires insistent encore sur ses excellentes dispositions ; la récompense ne s'en fait pas attendre : le 7 septembre, pendant qu'on massacre à Gisors son patron, le duc de la Rochefoucauld, qu'on massacre, à Paris, son compagnon d'études, Charles de Rohan-Chabot, Alexandre est promu maréchal de camp et nommé chef d'état-major de l'armée en formation à Strasbourg.

Au reste, ce ne sont pas seulement des protecteurs ou des amis que, nouveau Brutus, il sacrifierait volontiers à la chose publique : son frère même. Lorsque son père le prie d'engager le *féal* Beauharnais à rentrer en France, de quel ton Alexandre s'y refuse ! « Une lettre de moi ne ferait aucune impression sur lui ; mais j'espère que la vôtre produira l'effet que vous avez le droit d'en attendre : la sollicitude d'un père qui parle au nom d'un grand peuple et fait valoir l'amour de la Patrie doit l'emporter sur un faux point d'honneur dont la philosophie détruit chaque jour les illusions. »

A partir du 4 septembre, où il avise le ministre Servan que, en attendant le grade, il a pris possession de l'emploi, Beauharnais est installé à Strasbourg, prodiguant ses conseils, correspondant directement avec l'Assemblée, adressant, soit aux soldats, soit « aux citoyens des départements dans l'étendue de l'Armée du Rhin », proclamations sur proclamations : il en est une du 19 septembre sur « les piques qui, surmontées du bonnet de la liberté, feront encore dans les mains des citoyens l'effroi des conspirateurs et l'espérance des amis de la liberté » par laquelle les gardes nationaux durent se trouver bien consolés de rendre leurs fusils. Mais Beauharnais ne se borne même point aux Français : le 18 octobre, le voici qui atteste les opinions civiques et républicaines des prisonniers autrichiens et mayençais nouvellement arrivés à Strasbourg. En leur nom, il rédige une adresse à leurs compatriotes : « O vous, compatriotes, vous qu'une longue chaîne attache à des préjugés difficiles à détruire, revenez comme nous de votre erreur ; apprenez que cette guerre dans laquelle la France combat pour son indépendance est la querelle des rois contre les peuples. Les tyrans ont vu la philosophie renverser leur trône, briser leur sceptre. Ne souffrons pas qu'ils se servent de notre sang pour en rapprocher les débris. »

Il a une littérature abondante et qui ne manque pas son effet, car elle obtient à chaque coup les honneurs du *Moniteur*. Il faut y lire tout entière (25 octobre) cette proclamation qu'il adresse, en qualité de chef d'état-major, aux troupes de ligne de l'Armée du Rhin, dans laquelle il invite les vieux soldats à instruire fraternellement les gardes nationales de nouvelle levée : « Le soldat, en faisant du laboureur un soldat, double les obligations que lui a déjà la patrie reconnaissante : le laboureur, en faisant dans son nouvel état des progrès rapides, accélère l'instant heureux où les succès de la liberté et de l'égalité le ramèneront triomphant dans ses paisibles foyers. »

Ces phrases paraissent le plus clair de la besogne qu'il fait, car l'année 1792 s'écoule presque entière sans que l'Armée du Rhin se soit mise en mouvement. En novembre, Custine obtient de Pache de prélever sur cette armée, l'armée de Biron, les renforts qu'il lui faut. Le 21 novembre, plus de 15 000 hommes ont ainsi été enlevés à Biron, lequel estime n'avoir plus à commander une armée qui n'a plus d'effectifs. Le 3 décembre, il se rend de sa personne à Mayence, accompagné de Beauharnais et de ses chefs de service, afin de conférer avec Custine. Le 16, il est nommé général en chef de l'Armée du Var, et remplacé par Desprez-Crassier, en même temps que Custine est intitulé ou s'intitule « Général commandant en chef des Armées de la République française sur le Haut et Bas-Rhin, au centre de l'Empire et en Allemagne ». Beauharnais reste nominalement chef d'État-Major avec Desprez-Crassier; il continue à résider à Strasbourg.

D'actions de guerre point : Custine dit bien que le 3, au moment de la conférence avec Biron, son armée ayant été attaquée par les Prussiens, Beauharnais y courut et se conduisit d'une manière très distinguée. Pache le répète à la Convention, mais nulle trace de ce combat. D'ailleurs, qu'Alexandre soit brave, ce n'est ni une qualité, ni un mérite chez un officier général : c'est autre chose qu'il lui faudrait pour être utile ou simplement point funeste, et cette autre chose, on la lui demanderait en vain.

Les actions de guerre sont en effet le moindre souci de ce guerrier philosophe : au lendemain de cette affaire qui présage l'insuccès final des opérations de Custine sur la rive gauche, Beauharnais écrit à la Société des Amis de la Liberté de Strasbourg, dont il est président, pour « témoigner son affliction de voir l'esprit public si peu formé dans les départements du Haut et Bas-Rhin et pour proposer un prix de trois cents livres en espèces, plus les frais d'impression, au meilleur ouvrage sur les moyens politiques les plus propres à développer en Alsace cet esprit public ».

Il ne se contente pas d'exciter le zèle des littérateurs patriotes ; il trouve le temps de produire, outre ses lettres et ses proclamations, brochure sur brochure. Lui-même a dit que, au moment du jugement du ci-devant Roi, il avait fait imprimer son opinion en faveur du verdict le plus sévère et qu'il avait réclamé la mort du tyran. Pour ses discours et ses motions, il faut renoncer à les compter, tant il en est prodigue ; il trouve pourtant des propositions qui sortent de la banalité, comme de faire porter à Paris la Sainte-Ampoule et, en présence de la

Convention assemblée, de faire brûler solennellement l'huile qu'elle contient sur l'autel de la Patrie.

Bref, il a mérité l'estime de la Société des Jacobins de Strasbourg au même titre que celle de toutes les villes où il a passé et ces sans-culottes naïfs lui reprochent seulement de ne point mettre exactement ses paroles d'accord avec ses actes et d'avoir pour maîtresse la fille du commissaire des guerres Rivage, celui qu'on appelle Rivage-le-Riche.

Durant toute la première partie de l'année 1793, Beauharnais est à Strasbourg ou aux environs. On ne trouve son nom dans aucun rapport. Le 8 mars, il est promu lieutenant général à cette même armée avec le commandement spécial de la division du Haut-Rhin. Le 13 mai, Custine est appelé comme général en chef à l'Armée du Nord; la Convention nomme Houchard pour le remplacer provisoirement, mais les commissaires aux armées (Ruamps, Ferry, Ritter, Duroy, Haussmann) ne tiennent point compte de ce décret et, au refus de Dietmann, ils donnent, le 23, le commandement à Beauharnais : le 30, cette nomination est confirmée par la Convention.

Le 13 juin — après le coup d'État et la disparition des Girondins — nouveau décret rendu sur la proposition de Barère, rapporteur du Comité de Salut Public, appelant Alexandre au ministère de la Guerre en remplacement de Bouchotte[1]. « Le civisme et les talents

---

[1] Le 1 février 1793, lors de la nomination de Beurnonville, Beauharnais avait déjà obtenu seize voix et était venu en troisième, après Du Chatelet.

de Beauharnais vous sont connus, » dit Barère ; et comme Chabot objecte que Beauharnais peut être plus utile à l'armée, Barère réplique : « Beauharnais a été longtemps adjudant général de l'Armée du Rhin, genre de noviciat le plus utile pour le ministère de la Guerre. On dit qu'il conduit une armée, eh bien ! il en conduira onze ! » Et le décret est rendu.

Cette nomination déplaît à la Commune de Paris : le citoyen Varlet, employé aux Postes, orateur écouté aux Jacobins et aux Cordeliers, qui, au Trente et un Mai, a été l'un des organisateurs de l'insurrection, dénonce Beauharnais comme noble et invite la Commune à envoyer une adresse à la Convention pour qu'elle décrète qu'aucun noble ne pourra occuper de places dans la République. Réal, substitut du procureur de la Commune, combat l'opportunité de l'adresse : « Il n'a d'ailleurs, dit-il, aucune confiance en Beauharnais, qui a été au club des Feuillants, » mais il s'appuie sur des considérations de convenances et de légalité et s'arrange de façon que la motion soit rejetée.

Alexandre n'a pas besoin de connaître cette dénonciation pour juger à quel point est périlleuse la place qu'on prétend lui confier. Dès le 16 juin, de son quartier général de Wissembourg, il écrit à la Convention une longue lettre (69 lignes petit texte) pour attester son civisme, déclarer sa foi républicaine, affirmer son respect pour la Convention régénérée, mais en même temps décliner le ministère. Il demande qu'il lui soit permis de continuer à servir à l'armée

sous les ordres du successeur qui lui a été donné :
« Avec ses principes, le commandement n'est rien,
l'honneur de défendre la Patrie est tout. » La seule
récompense qu'il souhaite, ce sera « s'il peut, à la
paix, retourner par le suffrage du peuple dans le sein
des assemblées nationales, et, en zélé Montagnard, y
continuer à défendre ses droits, qui seront plus longtemps exposés dans l'intérieur aux menées de l'intrigue
et aux entreprises de l'ambition que menacés au dehors
par les soldats des rois que ne peuvent manquer de
vaincre les soldats de la Liberté ».

Cette lettre est lue dans la séance du 19 juin au
soir : elle reçoit les honneurs du Bulletin ; mais sans
attendre de connaître le sort qui lui sera fait et le
nouveau décret, rendu le 12, qui le maintient à la
tête de l'Armée du Rhin, dès le 20, toujours de
Wissembourg, Alexandre a écrit aux citoyens com-
posant le Conseil général de la Commune de Paris
une lettre qui ne remplit pas moins de deux colonnes
(195 lignes petit texte) du *Supplément à la Gazette
nationale* du 14 juillet 1793. De cette déclaration,
adressée aux *magistrats du peuple*, il faut retenir au
moins ce lambeau de phrase : « ...Si je suis peu
jaloux du commandement des armées et des places
qui donnent une influence sur les affaires publiques,
je le serai toujours de l'estime de mes concitoyens,
et en particulier d'une Commune qui se distingue
par son ardeur républicaine, d'une Commune à
laquelle la France doit non seulement la chute du
trône, mais encore cet esprit public qui peut préserver

à jamais des despotes en formant des amis à la liberté et des Brutus contre la tyrannie ! » Et c'est la Commune de Pache, de Chaumette et d'Hébert !

Cependant, on commence à trouver que si ce général écrit beaucoup, il agit peu. Ses phrases sont démodées ; elles sentent l'aristocrate. Mayence est assiégée et le commandant en chef de l'Armée du Rhin n'aurait-il pas mieux à faire que de rédiger des adresses ? Que lui parle-t-on de débloquer Mayence ? Il y songe, et même il en a déjà écrit. Le 7 juin, il a eu à Bitche une conférence avec Houchard ; il est vrai qu'on n'y a rien résolu ; mais, le 27, il en a tenu une nouvelle où l'on a décidé la marche en avant, et le voici qui annonce à son armée, par une proclamation qui tient une colonne du *Moniteur* (114 lignes petit texte), qu'elle va occuper une position à trois lieues en avant de Wissembourg. Le mouvement s'opère le 3 juillet et, dans ces positions de Preckenfeld et de Minfeld, Alexandre demeure seize fois vingt-quatre heures, transmettant soigneusement d'ailleurs à la Convention les nouvelles que lui apportent les échappés de Mayence. Le 19 juillet, il quitte Minfeld pour prendre une autre position près de Landau : il a 60 000 hommes sous ses ordres ; il s'avance avec majesté sur six colonnes ; c'est dans toutes les règles d'un art enfantin qu'il attaque le moindre poste ; c'est avec une prolixité sans pareille qu'il rend compte de la moindre escarmouche ; c'est avec une vanité déconcertante qu'il se loue du moindre succès. Pendant qu'il s'étend sur sa gloire dans ses lettres des 20 et 23 juillet, Mayence agonise. C'est le 23 que la capitulation est signée et ce Beauharnais, dont l'ineptie a perdu Mayence, ce général en chef qui n'a même point eu le mérite de tenter la fortune, adresse à son armée une proclamation pour flétrir les capitulards (60 lignes du *Moniteur*) : « une capitulation qu'on ne pouvait prévoir lorsqu'il restait à des républicains des munitions de guerre et du pain ! »

Mieux, il écrit aux Jacobins de Strasbourg pour que le club demande à la Convention qu'on fasse tomber les têtes des traîtres de Mayence et qu'on les envoie au roi de Prusse !

Il se borne là : sans essayer de racheter par une action de guerre le désastre dont il est la cause, il bat en retraite le 27 juillet et, le 3 août, il écrit aux Commissaires et à la Convention pour demander sa démission, « vu que, appartenant à la caste proscrite, il est de son devoir d'ôter à ses concitoyens tous les sujets d'inquiétude qui pourraient s'élever contre lui dans ces moments de crise ». Le 6, il revient à la charge sur les mêmes motifs. Le 8, dans une conférence qu'il tient à Bitche avec les représentants, il renouvelle sa demande : les Représentants ne veulent point accepter ; néanmoins, ils commencent à s'étonner « Quant au général Beauharnais, disent-ils, s'il faut s'en rapporter à la manifestation de ses principes, ils sont purs, ses talents politiques sont connus et ses talents militaires très étendus ; et, en lui rendant la justice qui lui est due, c'est le premier général de la République, mais il est dans un tel abattement que toutes ses facultés morales et physiques sont absorbées. »

Le 13, Beauharnais est à Wissembourg avec son armée, il rend compte à la Convention d'une reconnaissance dans laquelle il a perdu dix-huit hommes tués et autant de blessés (82 lignes du *Moniteur*) et il insiste de nouveau pour que sa démission soit acceptée. « Je dois, dit-il, provoquer moi-même l'ostracisme et vous solliciter de prendre rang comme soldat parmi les braves républicains de cette armée. » A preuve de sa résolution immuable, il envoie à la Convention la proclamation qu'il vient d'adresser à ses troupes (76 lignes du *Moniteur*) où il annonce qu'il cède au vœu émis par quelques sociétés populaires : « que ceux qui faisaient partie d'une classe privilégiée soient éloignés des armées ». Sans autorisation, il se rend à Strasbourg, insiste vainement encore près des Commissaires, veut mettre en jeu le Département du Bas-Rhin, lequel lui répond « que le fonctionnaire qui quitte son poste dans une occasion critique doit être considéré comme traître à la Patrie ». Alors, le 18, il envoie aux Représentants cette étrange lettre : « Attendu que je suis retenu malade à Strasbourg où je suis venu pour concerter avec les citoyens Représentants du peuple et les corps administratifs les moyens d'augmenter la force de l'armée et de remédier à l'inconvénient du défaut des subsistances... le citoyen général Landremont quittera l'avant-garde... et prendra provisoirement le commandement en chef de l'Armée, si cette mesure est approuvée par les citoyens Représentants du peuple ». Dédaigneusement ceux-ci répondent : « Le Général en chef de l'Armée du Rhin pouvant donner, sous sa responsabilité, tous les ordres utiles au bien du service dont il est chargé, les mesures qu'il prendra sous ce rapport n'ont besoin d'aucune approbation. »

C'est grave de quitter ainsi son poste en présence de l'ennemi, au moment où Custine est en jugement, où Dillon est arrêté, où le soupçon de trahison plane sur tous les généraux. A la Convention, on ne manque pas de faire remarquer que Beauharnais est l'ami et le confident de Custine. Tallien — le fait est à noter — défend Beauharnais : « Je n'entends pas juger l'individu, dit-il, mais je ne veux pas qu'on l'inculpe vaguement. » La démission est acceptée ; c'est le 21 août ; mais, lorsque la nouvelle en arrive à Strasbourg, les Représentants en mission ont déjà dû prendre sur eux de la recevoir. En effet, depuis le 18, pendant qu'aux avant-postes l'armée se bat continuellement, Beauharnais est resté à Strasbourg. Est-il malade, comme il le dit? est-il, comme on le dit, fou d'amour pour la fille Rivage? Le 21, il s'est décidé à se rendre à Wissembourg, mais ç'a été pour en faire évacuer les pièces de position, la poste, le trésor et tout le gros de l'armée; le 23, il va ordonner la retraite que les Représentants empêchent en prenant cet arrêté, dont les termes méritent d'être exactement pesés, car il ne s'agit plus ici de politique, mais de défense nationale :

« Les Représentants du peuple près l'Armée du

Rhin, considérant que le général en chef Beauharnais réitère à chaque instant l'offre de sa démission, et de vive voix, et par écrit; considérant que, d'après ses aveux multipliés, il n'a ni la force, ni l'énergie morale nécessaires à un général en chef d'une armée républicaine; considérant que son état de faiblesse et de langueur qui l'a éloigné de l'armée pendant trois jours de combats ne peut que jeter la méfiance et le découragement dans l'état-major de l'armée ; arrêtent que sa démission est enfin acceptée et qu'il sera tenu de s'éloigner dans l'espace de six heures à vingt lieues des frontières, dans un séjour dont il nous donnera connaissance ainsi qu'à la Convention nationale. »

Et Borie, en adhérant à l'arrêté de ses collègues Ruamps et Milhaud, ajoute : « J'aurais été de l'avis de l'arrestation de Beauharnais. »

XIV

JOSÉPHINE PENDANT LA RÉVOLUTION

XIV

JOSÉPHINE PENDANT LA RÉVOLUTION

Durant tout ce temps, qu'est devenue Joséphine ? On est en droit de penser que d'octobre 1791 à septembre 1792, elle ne s'est éloignée de Paris, où elle continue à avoir son appartement rue Saint-Dominique, que pour des séjours à Fontainebleau chez sa tante, et pour des villégiatures chez des amis, surtout à Croisy où l'emmène sa voisine d'appartement, Mme Hosten Lamotte, née de Louvigny, cette créole de Sainte-Lucie qui l'a attirée dans sa maison et qui, ayant une fille presque du même âge qu'Hortense, se trouve lui être une société précieuse : cette Mme Hosten tient en location du sieur Bauldry depuis 1791, une gentille maison à Croissy : Joséphine connaît déjà ce village, où l'on a tout lieu de présumer qu'elle a déjà fait une villégiature à sa sortie de Panthemont. Elle accepte avec plaisir d'y revenir chez son amie et ce séjour exerce sur son existence une action décisive, car, outre qu'elle y fait connaissance de M. Chanorier, des Vergennes, de Mme Campan, elle y entre en relations avec Réal, fils d'un garde-chasse de Chatou, qui s'est élevé dans la Basoche, est devenu procureur au Châtelet, s'est fait un des conducteurs du mouvement, un des hommes en vue de la Révolution, mais est resté en termes d'amitié déférente avec Chanorier. Par Réal, elle aura Tallien; l'un secrétaire de la Commune du Dix Août; l'autre substitut du procureur de la même Commune. Elle a déjà Barère — M. de Vieuzac, — ancien constituant, en amitié de longue date avec Beauharnais, qu'il a connue chez la Genlis. Et on a vu Réal à la Commune, Tallien et Barère à la Convention se faire les défenseurs, quasi les répondants d'Alexandre.

Après les événements d'Août, la chute du trône, devant la continuelle agitation de Paris, Joséphine est prise de peur, — sinon pour elle-même, car elle croit que les services et le nom de son mari la couvrent, — au moins pour ses enfants. Elle les confie à son amie, la princesse de Hohenzollern, qui, quittant Paris, va se réfugier avec eux dans une terre du prince de Salm, à Saint-Martin en Artois, en attendant une occasion pour passer en Angleterre : au printemps, tout sera calmé, et la princesse ramènera les enfants, à moins que Joséphine n'aille les chercher. Mais dès qu'Alexandre a vent de ce départ, il expédie de Strasbourg un courrier avec ordre de s'opposer à l'émigration et de lui ramener Eugène, qu'il place au Collège national.

Il est à penser que c'est par Réal et Tallien que, en septembre, Joséphine a quelque moyen de rendre service à l'ancienne abbesse de Panthemont; nul doute, au surplus, qu'elle ne soit liée avec la plupart des hommes influents, avec ceux du moins qui, dans la Constituante, avaient été du parti avancé et qui sont revenus à la Convention ou ont été appelés, soit dans les armées, soit dans le gouvernement, à occuper de grandes places. Elle est restée en des termes d'affection avec Charlotte Robespierre, mais elle ne se borne point là. On sait d'elle une lettre, en date du 26 novembre 1792, qui la montre en termes assez d'intimité avec le ministre de la Guerre (c'est encore Servan, un Girondin) pour lui recommander un certain citoyen Pauly, dont elle connaît le mérite, et qu'elle veut faire commissaire des Guerres; sans doute afin de n'être pas confondue avec sa belle-sœur dont le mari est émigré, elle signe : *La citoyenne Beauharnais, femme du maréchal de camp.* « Comme elle est bonne et obligeante, a dit quelqu'un qui l'a connue alors, elle s'emploie à rendre autant de services qu'il lui est possible. Dès lors, ajoute-t-on, sa réputation de conduite est fort compromise, mais celle de sa bonté, de sa grâce et de la douceur de ses manières ne se dément point. »

Il est permis de penser que, tout en entretenant des rapports presque d'intimité avec certains Montagnards, Joséphine, en admettant qu'elle ait des opinions politiques, s'arrête aux Girondins et, sur la foi de Lanjuinais, qui formellement la lui donne, il faut citer cette lettre qui, par sa forme autant que par les doctrines qui y sont exposées, détonne pourtant étrangement dans sa correspondance ; mais, affirme Lanjuinais : « cette lettre est de Mme de Beauharnais : elle paraît avoir été écrite après le Trente et un mai. » La voici : « Homme respectable, législateur courageux, permettez à une femme qui connaît l'austérité de vos principes et votre dévouement héroïque, de vous adresser l'expression de sa sensibilité. Le mérite persécuté, l'innocence flétrie, la vertu calomniée eurent toujours droit à ses hommages et déjà vous auriez reçu les siens si elle avait pu se procurer plus tôt votre adresse. Ah! sans doute l'oppression où l'on veut vous faire gémir est un véritable triomphe. Je ne vous dirai point : Persévérez; non! ce n'est pas à des caractères tels que le vôtre qu'on peut témoigner ce doute injurieux. Un jour viendra, mon cœur me le présage, où la France reconnaissante bénira votre fermeté sublime et saura mettre à votre place vos implacables ennemis. En attendant, souffrez que j'aille vous voir, vous admirer, vous offrir mes services s'ils pouvaient vous être utiles.

« Je ne signe point ma lettre; non que je n'eusse le courage d'avouer hautement une démarche dont je suis fière, mais de peur de compromettre un être qui m'est cher et dont la destinée est irrévocablement attachée à celle de la République. »

Au moment où elle écrit cette lettre, Joséphine est encore à Paris où elle a fait sans doute son principal établissement durant l'hiver de 93. Elle a certainement coupé par des voyages à Fontainebleau, mais non par une résidence continue, car lorsque, le 5 février 1793, le marquis et Mme Renaudin y ont obtenu l'attestation de leur civisme, Joséphine n'est pas mentionnée. Elle vit rue Saint-Dominique où son intimité avec Mme Hosten s'est encore resserrée et, par elle, elle est en liaison avec quantité de ses parents et de ses amis formant une société assez fermée, presque réactionnaire, où paraissent surtout des créoles : Hosten, Merceron, Boissonnières, Mornay, Turbé, une Mme Lefranc de Pompignan, cette Mme de Beaufort, plus tard Mme d'Hautpoul, qui écrivit quantité de romans, et Duval d'Epresmesnil, promis bientôt à la guillotine.

On trouvait encore le courage de se réunir, de faire des parties, de dîner ensemble, de jouer la comédie. Puis, menant une vie double, triple, Joséphine s'échappait de là dans d'autres sociétés demeurées plus inconnues, dans d'autres parties moins honnêtes : c'est la seule explication qu'on puisse donner de sa tranquille confiance au milieu des hasards qu'elle affronte.

Cependant, au milieu de septembre, après que la loi des suspects a été rendue, point à hésiter : il lui faut un domicile hors Paris, pour obtenir un certificat de civisme et soit qu'elle soit déjà installée à Croissy, soit qu'elle y vienne à ce dessein, elle y élit sa résidence et Mme Hosten, dont le futur gendre, M. de Croiseul, vient d'acheter, à Croissy même, la belle propriété Delahaye-Desfosses, lui cède, dans la maison Bauldry, la suite de son bail de 1 200 livres. Le 26 septembre, la citoyenne Beauharnais se présente à la municipalité pour y faire sa déclaration et, deux jours après, elle est rejointe par son fils, le citoyen Eugène Beauharnais, venant de Strasbourg. Alexandre en effet, lorsqu'il a dû s'éloigner dans les six heures, a laissé son fils au collège et, le collège fermant, les élèves sont renvoyés.

Dans ces déclarations, nulle mention d'Hortense : son nom n'est cité dans aucun des actes postérieurs qui établissent, durant cet automne de 1793, au moins jusqu'au 22 décembre, le séjour continu de Joséphine et de son fils à Croissy. Est-ce une simple omission, vu le peu d'importance de la personne ? On serait tenté de le penser : Mme Rémusat, qui était encore Mlle de Vergennes et qui a passé cet été de 1793 à Croissy, chez Chanorier, atteste que ce fut à ce moment qu'elle connut Hortense, moins âgée qu'elle de trois ou quatre ans. « Je me souviens encore, a-t-elle écrit, qu'elle venait me rendre visite et, s'amusant à faire l'inventaire des quelques petits bijoux que je possédais, me témoignait souvent que toute son ambition pour l'avenir consistait à être maîtresse d'un tel trésor. » Toutefois, on peut croire que Hortense ne vivait point chez sa mère d'une façon continue, soit qu'elle fût plus souvent près de son grand-père à Fontainebleau, ou qu'on l'eût mise en pension, ou que la citoyenne Lanoy, sa bonne, l'eût gardée à Paris, et que ce fût elle la couturière prétendue chez qui elle était placée comme apprentie.

Joséphine en effet — peut-être sur des ordres venus de son mari, peut-être sur les conseils de Chanorier — a trouvé ce moyen de prouver son civisme et son admiration pour Jean-Jacques : si Hortense apprend la couture, Eugène est apprenti menuisier chez le père Cochard, agent national de la commune de

Croissy ; il est même considéré comme bon patriote et défenseur de la Patrie, car à ce titre il reçoit, le 19 octobre, un sabre et un fusil.

Cela n'empêche pas Joséphine de fréquenter chez les bourgeois du village et du château, de maintenir, de resserrer, d'étendre, des relations qui toutes par la suite reparaissent dans sa vie : Chanorier qui lui fera acheter Malmaison ; Mlles de Vergennes, l'une qui, devenue Mme Rémusat, sera dame du palais — et en quelle faveur ! — l'autre, Mme Champion de Nansouty, qui aura pour son mari toutes les places ; Mme Hosten et ses filles, dont l'une, Mme de Croiseul, aura ses enfants élevés aux frais d'Hortense ; l'abbé Maynaud de Pancémont qui, associé à Bernier pour la négociation du Concordat, sera fait évêque de Vannes, aumônier de la Princesse de Piombino et qui, victime des Chouans, aura, par ordre de l'Empereur, sa statue de marbre érigée dans son église cathédrale ; Réal enfin, qui sera conseiller d'État, commandant de la Légion, commandeur de la Réunion, comte de l'Empire avec 16 000 francs de dotation et auquel l'Empereur fera des dons manuels, plusieurs de 100 000 francs, un de 500 000. Le lien entre Napoléon et Réal, c'est Joséphine ; l'occasion entre Réal et Joséphine, c'est Croissy.

Au mois de janvier 1794, Joséphine, munie du certificat de civisme qu'elle a obtenu à Croissy, rentre rue Saint-Dominique. Dans ses entours, on la tient si bien en faveur près des puissants du jour, qu'on n'hésite point à s'adresser à elle, et elle s'emploie, se met en avant avec une admirable inconscience, ne se doutant point que, si protégé qu'on soit, le mieux qu'on ait à faire en un tel temps, c'est de ne point parler, de ne point écrire, de ne point se signaler — de se terrer.

Sa belle-sœur Marie-Françoise de Beauharnais a été écrouée à Sainte-Pélagie le 3 novembre (1793 - 13 brumaire an II). On vient lui demander d'obtenir sa liberté. Pourquoi est-ce à elle qu'on s'adresse? Pourquoi Fanny ne fait-elle point agir Cubières en faveur de sa propre fille ? Joséphine n'a jamais eu d'intimité avec sa belle-sœur, n'en aura jamais. Alexandre et son frère aîné sont brouillés depuis la Constituante ; mais Joséphine est obligeante de nature, elle multiplie les pas et les démarches, apprend enfin que tout dépend de Vadier, président du Comité de Sûreté générale : Vadier a été de la Constituante, il a été lié avec Beauharnais ; elle ne peut se faire recevoir par lui, elle lui écrit.

« Paris, 28 nivôse l'an II de la République française une et indivisible [1].

LIBERTÉ.   ÉGALITÉ.

« *Lapagerie-Beauharnais à Vadier,*
représentant du Peuple.

« *Salut, estime, confiance, fraternité.*

« Puisqu'il n'est pas possible de te voir, j'espère que tu voudras bien lire le mémoire que je joins ici. Ton

[1] 17 janvier 1794.

collègue m'a fait part de ta sévérité, mais, en même temps, il m'a fait part de ton patriotisme pur et vertueux et que, malgré tes doutes sur le civisme des ci-devants, tu t'intéressais toujours aux malheureuses victimes de l'erreur.

« Je suis persuadée qu'à la lecture du mémoire, ton humanité et ta justice te feront prendre en considération la situation d'une femme malheureuse à tous égards, mais seulement pour avoir appartenu à un ennemi de la République, à Beauharnais l'aîné, que tu as connu et qui, dans l'Assemblée constituante, était en opposition avec Alexandre, ton collègue et mon mari. J'aurais bien du regret, Citoyen représentant, si tu confondais dans ta pensée Alexandre avec Beauharnais l'aîné. Je me mets à ta place : tu dois douter du patriotisme des ci-devants, mais il est dans l'ordre des possibilités que, parmi eux, il se trouve des ardents amis de la Liberté et de l'Égalité. Alexandre n'a jamais dévié de ces principes : il a constamment marché sur la ligne. S'il n'était pas républicain, il n'aurait ni mon estime, ni mon amitié. Je suis Américaine et ne connais que lui de sa famille, et s'il m'eût été permis de te voir, tu serais revenu de tes doutes. Mon ménage est un ménage républicain : avant la Révolution, mes enfants n'étaient pas distingués des sans-culottes, et j'espère qu'ils seront dignes de la République.

« Je t'écris avec franchise, en sans-culotte montagnarde. Je ne me plains de ta sévérité que parce qu'elle m'a privée de te voir et d'avoir une petite conférence avec toi. Je ne te demande ni faveur, ni grâce, mais je réclame ta sensibilité et ton humanité en faveur d'une citoyenne malheureuse. Si on m'avait trompée en me faisant le tableau de sa situation et qu'elle fût et le parût suspecte, je te prie de n'avoir aucun égard à ce que je te dis, car, comme toi, je suis inexorable ; mais ne confonds pas ton ancien collègue. Crois qu'il est digne de ton estime.

« Malgré ton refus, j'applaudis à ta sévérité pour ce qui me regarde, mais je ne puis applaudir à tes doutes sur le compte de mon mari. Tu vois que ton collègue m'a rendu tout ce que tu lui avais dit : il avait des doutes ainsi que toi, mais voyant que je ne vivais qu'avec des républicains, il a cessé de douter. Tu serais aussi juste, tu cesserais de douter si tu avais voulu me voir.

« Adieu, estimable citoyen, tu as ma confiance entière,

« Lapagerie-Beauharnais,

« N° 16, rue Saint-Dominique, faubourg Saint-Germain. »

Ainsi, au cours des démarches qu'elle a faites en faveur de sa belle-sœur — démarches qu'elle sait le plus ordinairement rendre efficaces en y mettant toutes ses grâces, — Joséphine a appris que son mari était menacé, car, sous cette forme qu'elle emploie, est-ce Mme de Beauharnais ou Alexandre, qu'elle défend ? Elle a échoué, mais elle espère encore adoucir le monstre. Qu'il la voie seulement « l'Américaine ! » Mais Vadier, « soixante ans de vertus », ferme sa porte : c'est le moyen qu'il a trouvé de rester vertueux.

XV

LES CARMES

XV

LES CARMES

En quittant Strasbourg si brusquement qu'il n'a pas même eu le temps d'emmener ses équipages et ses chevaux, Alexandre s'est rendu droit à la Ferté : de là, il s'empresse d'écrire à la Société des Jacobins de Blois pour s'excuser de ne pas s'y présenter immédiatement et pour annoncer sa prochaine venue, — car il pousse au délire le fétichisme des sociétés populaires; pas de ville qu'il traverse où il ne se fasse affilier délivrer un certificat; il en a des portefeuilles remplis, il collectionne ainsi les noms jacobins. Le 2 septembre 1793, au nom du Comité de correspondance, Rochejean, ex-oratorien, vicaire épiscopal de l'évêque Grégoire, coryphée et directeur du club, lui répond en ces termes, qui valent mieux qu'un certificat de civisme : « Ta lettre a été accueillie parmi nous avec les transports de l'amitié; nous t'estimons, nous te chérissons; nous regrettons que les circonstances t'aient forcé de t'arrêter au milieu de ta carrière militaire ; nous te louons d'avoir fait à l'opinion de tes concitoyens le sacrifice de la gloire que tu étais en chemin d'acquérir. Un homme assez grand pour refuser le ministère et se démettre du Généralat est un sans-culotte. Tu nous donnes une bien douce espérance, celle de te voir résider au milieu de nous et d'y discuter avec toi les grands intérêts de la République. Veille sur ta santé comme sur un dépôt précieux à la Patrie et, puisque les délassements de l'amitié sont le baume de la vie, hâte-toi de venir au sein de tes amis. »

La loi des suspects ne le trouble point ; il vient à Blois où, à l'en croire, « il est fort bien reçu par les patriotes et dans la Société populaire ». Il se hâte d'en faire part à Chabot, l'ex-capucin, qui choisi lui aussi par Grégoire comme vicaire épiscopal, a été, par l'influence d'Alexandre, élu député à la Législative, qui, sans son secours, a été réélu à la Convention et qui, de loin, semble encore une puissance. « J'ai causé de vous avec des sans-culottes, lui écrit Beauharnais, et j'ai vu avec satisfaction qu'ils étaient flattés pour leur département de vous compter à la tête de leurs députés. Vous êtes généralement aimé et estimé... » Ainsi cherche-t-il à se raccrocher, ayant par sa longue absence de Paris perdu la notion des gens utiles, des combinaisons de partis, provoquant en même temps des intimités, des confidences et des protections en Vadier, fantoche sanguinaire et vertueux, qui fait de la police en aliéné et met la guillotine au service de toutes les chimères que son délire enfante ; en Barère, porte-voix sonore, que nul ne prend au sérieux, en Chabot enfin, pourri de vices et de hontes, le type du moine apostat, disposé à toutes les vénalités, prêt à toutes les luxures.

A en croire d'autres témoins, même à Blois, les choses ne vont pas si bien pour lui : au club, à son entrée, il a été accueilli par des injures, a pris lui-même sa défense, s'est cru sauvé. N'a-t-il pas échappé à « l'épuration révolutionnaire tant désirée par les patriotes, tant redoutée par les aristocrates », qui, sous la présidence du représentant Guimberteau, a été opérée dans l'église ci-devant Louis, le 30 octobre, « avec une justice rigoureuse et une solennité républicaine » ? Rassuré, Alexandre loue une petite maison à Blois, il prétend s'y installer, il fait mille politesses à des voisins qu'il sait royalistes; il s'excuse, déclarant « qu'il en est bien revenu », il se tient inattaquable, grâce à Rochejean et à ses amis de Paris. En même temps, il recherche les fonctions municipales dans sa commune de la Ferté-Aurain, ci-devant Beauharnais, il est élu maire, il installe une société populaire, un comité de surveillance révolutionnaire ; il préside la Société des Jacobins à Chaumont, le chef-lieu de son canton, et, de ces divers hauts faits, il tire encore des certificats. Il a repris des habitudes de correspondance avec sa femme, ne fût-ce que pour recevoir d'elle d'utiles avis ; peu à peu, en effet, devant le commun péril, une sorte d'intimité s'est établie entre eux. Il est heureux, du moins le dit-il : « Non, jamais je n'aurais cru, écrit-il à son père le 11 octobre, qu'en quittant une vie aussi active que celle de l'armée, le temps écoulé dans le calme d'une solitude eût été aussi rapide. La fin du jour arrive pour moi aussi promptement qu'avant ma retraite. Il est vrai que ma tête n'est point oisive : elle se fatigue en combinaisons pour le salut de la République, comme mon cœur s'épuise en efforts et en vœux pour le bonheur de mes concitoyens. »

Il passe vite en effet, ce temps qu'Alexandre trouve si rapide. Le 12 ventôse (2 mars), « le Comité de Sûreté générale arrête que Beauharnais, ci-devant commandant en chef de l'Armée du Rhin et actuellement maire de Romorantin [1], sera conduit et mis en une maison d'arrêt à Paris, que les scellés seront apposés sur ses papiers, distraction faite de ceux qui seront trouvés suspects ». Le citoyen Sirejean, commissaire du Comité, se rend en Loir-et-Cher, arrête Beauharnais et le ramène. Du Luxembourg où il est d'abord déposé, Alexandre est conduit aux Carmes où il est écroué le 24 ventôse (14 mars). Le premier signataire de ce mandat d'amener, c'est Vadier, sur qui comptent tant Beauharnais et Joséphine, et après, Jagot, Louis (du Bas-Rhin), David, Lebas, Lavicomterie et Dubarran.

Joséphine, qui a failli se compromettre en sollicitant la liberté de sa belle-sœur, ne s'épargne point

[1] Il n'est maire que de la Ferté-Aurain, mais le Comité ne peut-il penser qu'il s'agit d'un si médiocre village et de son autorité, il le suppose maire du chef-lieu de district.

sans doute en faveur de son mari, dont elle a entreposé dans son grenier — nouvelle preuve qu'il n'y a pas habitation commune — les papiers et les effets. Toutefois, ce n'est pas à ces importunités qu'elle doit de partager bientôt son emprisonnement. Dans le système de terreur en vigueur, il n'est si petit village qui n'ait son comité révolutionnaire et, à défaut, ses dénonciateurs en titre. C'est peut-être à la Ferté que s'est formé l'orage contre Beauharnais; c'est à coup sûr de Croissy que souffle la tempête contre Joséphine.

Une dénonciation anonyme lancée contre la petite société qui s'y est frileusement groupée, dénonciation où il est recommandé de « se méfier de la ci-devant vicomtesse Alexandre de Beauharnais, qui a beaucoup d'intelligences dans les bureaux des ministres, » a déjà eu pour effet l'arrestation de Vergennes; elle entraîne bientôt un arrêté, pris le 30 germinal (19 avril) par le Comité de Sûreté générale, ordonnant l'arrestation de « la nommée Beauharnais, femme du ci-devant général, rue Dominique, 953, la nommée Hosten, même maison et le nommé Croiseul, leur allié, demeurant à Croissy près Chatou. Examen sera fait de leurs papiers et extraction de ceux trouvés suspects, qui seront apportés au Comité ; perquisitions seront faites, les scellés apposés, procès-verbal dressé et les susnommés et tous autres chez eux trouvés suspects, conduits dans des maisons d'arrêt de Paris pour y rester détenus par mesure de sûreté générale ».

Deux membres du Comité révolutionnaire de la section des Tuileries, Lacombe et Georges, chargés de l'exécution des ordres du Comité de Sûreté générale, requièrent le 2 floréal (21 avril) un membre du Comité révolutionnaire Fontaine-de-Grenelle, se transportent rue Saint-Dominique, chez Joséphine, la requièrent de leur représenter « *tout ses papier et correspondance, a coye aiant obtempéré avons*, disent-ils, *procédé à leurs exhamains et après la recherche la plus scrupuleuse nous navons rien trouvez de contraire au interet de la republique, au contraire une multitude de lettre patriotique qui ne peuve faire que l'éloge de cette citoyenne* ». Apposition des scellés est faite sur deux secrétaires, puis « *sur deux aumoire qui sont dedant un grenier dedant lequel ils et deposé le papier correspondance du citoyen Beauharnois que sez effet* » ; la garde des scellés est confiée à la citoyenne Marie Lanoy promue à la qualité d'amie de la citoyenne Beauharnais ; celle-ci est arrêtée et conduite à la prison des Carmes à défaut de celle des Anglaises, désignée d'abord, mais où la place manque.

Cette prison des Carmes où les murs sont encore tachés du sang des massacres de Septembre est une des plus insalubres de Paris. Une humidité effroyable, le supplice de la vermine, des fenêtres bouchées, des repas pris en commun, les hommes d'abord, les femmes après ; dans les corridors, jamais éclairés, des cuves pour les besoins, qu'on vide à peine et contre lesquelles on trébuche ; les hommes malpropres, les jambes nues, le col nu, un mouchoir autour de la tête, point peignés, la barbe longue ; les femmes en petite robe ou en pierrot de couleur, se négligeant la plupart : l'effroyable demain, l'inexorable tribunal et cet échafaud où il faudra monter !...

Il y a bonne compagnie pourtant : des ducs et des princes, le prince de Salm-Kyrbourg, M. de Rohan-Montbazon, le duc de Béthune-Charost, la duchesse d'Aiguillon ; il y a l'abbé de Boulogne, Delphine de Custine, née Sabran, les Saint-Pern, M. de Gouy d'Arcy, l'ancien constituant ; M. Destournelles, l'ancien ministre ; Mme Charles de Lameth, M. de Mesgrigny, Mme de Sourdeval et ses deux filles, le comte de Soyecourt et Champcenetz, des grands seigneurs, des grandes dames, des députés, et aussi, car c'est un monde en miniature, des petites gens, dentistes, huissiers priseurs, blanchisseuses, râpeurs de tabac, des volontaires, des imprimeurs, des relieurs, des marchands de tableaux, des domestiques, des matelots, des horlogers, des ingénieurs, des hommes de loi, des coiffeurs, des minéralogistes, des architectes, des gendarmes, des peintres, des limonadiers, des cochers, des cultivateurs, des épiciers, des armuriers, toutes les conditions, toutes les professions, tous les métiers, sept cents individus, différant d'âge, d'origine, d'éducation, de milieux, hommes, femmes, enfants — il y a des garçons de treize ans — jetés là comme sur un radeau perdu en mer, condamnés, avant la mort, au supplice de vivre ensemble, de se frotter constamment les uns aux autres, et en attendant la promiscuité du panier, c'est la promiscuité, odieuse à chaque instant du jour, de la chambre, de la table, du préau.

Là, Joséphine rencontre son mari ; ce n'est que là peut-être qu'ils se réconcilient franchement ; — mais encore c'est à la façon dont on entendait les ménages dix ans auparavant. Liberté entière, bonne amitié, confidence peut-être des amours réciproques : Alexandre et Joséphine semblent en parfaite entente, témoin les lettres qu'ils écrivent en commun à leurs enfants demeurés à la garde de la citoyenne Lanoy, mais Alexandre se prend d'une grande passion pour Delphine de Custine, tandis que Joséphine s'établit en coquetterie réglée avec Hoche, entré presque en même temps qu'elle aux Carmes. (L'ordre d'arrestation est du 22 germinal.)

Mari et femme, chacun de son côté, se donnent grand mal pour réunir des pièces justificatives, des témoignages favorables, des certificats de civisme. Beauharnais rédige pour le Comité de Sûreté générale un mémoire où il établit ses services démocratiques, où il raconte sa vie, énumère les sociétés populaires qui l'ont nommé président : Paris, Blois, Valenciennes, Strasbourg, Chaumont, où il réclame sa liberté « pour augmenter la haine des rois dans le cœur de ses enfants, savoir un garçon de douze ans et demi qui apprend à Paris le métier de menuisier et une fille de onze ans élevée chez sa mère dans les principes républicains ». Bien mieux, il lève un village entier pour le réclamer : les officiers municipaux, conseil général et habitants de la Ferté-Aurain, assemblés extraordinairement pour certifier que le citoyen Alexandre Beauharnais, maire de la commune, s'est toujours comporté, tant qu'ils ont eu le bonheur de le posséder, en vrai et zélé patriote et républicain. « Pour quoi nous vous demandons... de nous renvoyer le vrai sans-culotte et républicain Alexandre Beauharnais tant pour le bien et le bonheur de notre commune que pour celui des communes voisines et des sociétés populaires auxquelles il est affilié qui sont très touchés de son absence et ne cessent comme nous de désirer son prompt retour. »

Par Eugène et Hortense qui ont obtenu la permission de voir leur mère, passent les lettres, les certificats, les mémoires. Ils amènent à Joséphine son chien, Fortuné, un carlin, laid et hargneux, qui sans être remarqué, se coule, portant les billets sous son collier. Qui est derrière les enfants? Qui leur tient la main? Qui fait les démarches à la Ferté? Qui rédige les pétitions? Sans doute ce personnage mystérieux, Calmelet, qu'on trouvera dès lors dans l'intimité de la vie de Joséphine, chargé des missions les plus intimes, des affaires les plus secrètes, homme d'affaires comme on en avait alors, de ceux qui, à leurs clients, ouvraient leur bourse et qui quelquefois, pour eux, donnaient leur tête. Peut-être s'y mêle-t-il un beau-frère de Marie Lanoy, la gouvernante des enfants, un certain M. Sabatier, qui fut pourvu par la suite d'un bon emploi dans un ministère. Peut-être encore un nommé Martin qui, plus tard, réclama son dû ; mais c'est à coup sûr Calmelet le principal : c'est lui seul que citent Eugène et Hortense ; plus tard, Calmelet, pourvu de la place de secrétaire du Conseil des prises et de celle d'administrateur du Mobilier impérial étant tombé dans la disgrâce de Napoléon, Eugène le défendit avec la plus grande énergie ainsi que son neveu Soulange-Bodin, alléguant « l'intérêt qu'ils ont montré à sa famille dans des temps moins heureux ».

Pour Joséphine, mêmes démarches, mais d'un autre style : des pétitions que signent les enfants, qu'ils présentent le 19 floréal (8 mai) à la Convention, le 26 prairial (14 juin), au Comité de Sûreté générale. « Aux représentants de la Convention nationale » ils disent : « D'innocents enfants réclament auprès de vous la liberté de leur tendre mère, de leur mère à qui l'on n'a pu rien reprocher que le malheur d'être entrée dans une classe à laquelle elle a prouvé qu'elle se croyait étrangère puisqu'elle ne s'est jamais entourée que des meilleurs patriotes, des plus excellents montagnards. Ayant demandé son ordre de passe pour se soumettre à la loi du 28 germinal, elle fut arrêtée sans en pouvoir pénétrer la cause. Citoyens représentants, vous ne laisserez pas opprimer l'innocence, le patriotisme et la vertu. Rendez la vie, citoyens représentants, à de malheureux enfants. Leur âge n'est point fait pour la douleur. »

Plus imprudente est la pétition au Comité de Sûreté générale. Les enfants réclament que leur mère soit jugée. « Toutes les pièces concernant la citoyenne Alexandre Beauharnais... sont maintenant à la commission des détenus, excepté le mandat d'arrêt : on n'attend que cette pièce pour délibérer sur son affaire », et ils la demandent avec instance : « quand on n'a point à redouter le jugement, on brûle qu'il soit rendu ».

Pauvre femme ! comment ne sent-elle point que le seul moyen de salut est de se faire oublier ! Heureusement, La Bussière veille : cet étrange personnage, qui, par humanité, s'est fait voleur de dossiers — non pas même voleur, *mâcheur*, — et qui risque à chaque instant sa vie pour sauver la vie d'inconnus. Qu'il ait *mâché* le dossier de Joséphine, on n'en a nulle preuve, mais il s'en est vanté, et Joséphine l'a cru, car, le 5 avril 1803, elle assista avec le Premier Consul à une représentation extraordinaire donnée au théâtre de la Porte Saint-Martin au bénéfice de La Bussière, et elle envoya cent pistoles pour le prix de sa loge. Si La Bussière n'est pas un personnage de légende, il est le plus extraordinaire des héros.

Que ce soit à La Bussière, au hasard ou à l'encombrement de la guillotine que Joséphine ait dû d'être oubliée et d'atteindre ainsi le 9 thermidor, Beauharnais était trop en vue pour que, dès qu'il s'agît de *vider* les Carmes, son nom ne fût pas des premiers prononcé. Sans doute, étant donnée sa conduite militaire, l'abandon de Mayence, la désertion de son poste, les chefs d'accusation ne manquaient pas contre lui, mais un procès individuel avec des formes, des témoignages, des plaidoiries, des réquisitoires, c'était long et on était pressé. Les prisons étant remplies, il fallait faire de la place. A défaut des massacres soi-disant populaires dont on avait vu les inconvénients, Vadier « soixante ans de vertu » inventa les conspirations de prison, et avant Saint-Lazare, Port Libre, les Oiseaux, le Plessis, on vida les Carmes plus encombrés. Lorsque, le 4 thermidor, Alexandre partit pour la Conciergerie, il sentait si bien que c'était l'heure des adieux suprêmes, qu'en passant devant Mme de Custine, il lui tendit comme présent de mort un talisman arabe monté en bague qu'il portait toujours à son doigt. S'il avait encore cette lueur d'espérance qui, dit-on, accompagne l'homme jusqu'à la fin et lui permet de vivre, l'espèce d'interrogatoire qu'il subit à la Conciergerie la dissipa. Ce n'était point de la reddition de Mayence, de quelque chose de tangible qu'il était accusé, mais d'un rêve, d'une imagination, de rien, du néant. Un détenu quelque peu fou avait tenu des propos ; un autre avait caché une corde sous son lit et y avait fait des nœuds : conspiration : quarante-neuf accusés.

Alexandre envisagea la mort résolument, car, alors, presque tous savaient mourir, si bien peu savaient vivre, et lui-même le prouve : dans une lettre suprême qu'il écrit à sa femme il ne peut se défaire de cette phraséologie qui l'obsède : « Toutes les apparences de l'espèce d'interrogatoire qu'on a fait subir aujourd'hui à un assez grand nombre de détenus, dit-il, sont que je suis victime des scélérates calomnies de plusieurs aristocrates soi-disant patriotes de cette maison (les Carmes). La présomption que cette infernale machination me suivra jusqu'au Tribunal révolutionnaire ne me laisse aucun espoir de te revoir, mon amie, ni d'embrasser mes chers enfants. Je ne te parlerai donc point de mes regrets ; ma tendre affection pour eux, l'*attachement fraternel qui me lie à toi*, ne peuvent te laisser aucun doute sur le sentiment avec lequel je quitterai la vie sous ce rapport. » Et après : « Je regrette également de me séparer d'une patrie que j'aime, pour laquelle j'aurais voulu donner mille fois ma vie et que non seulement je ne pourrai plus servir, mais qui me verra échapper de son sein en me supposant un mauvais citoyen. Cette idée déchirante ne me permet pas de ne point te recommander ma mémoire ; travaille à la réhabiliter en prouvant qu'une vie entière consacrée à servir son pays et à faire triompher la Liberté et l'Egalité doit, aux yeux du peuple, repousser d'odieux calomniateurs pris surtout dans la classe des gens suspects. Ce travail doit être ajourné, car, dans les orages révolutionnaires, un grand peuple qui combat pour pulvériser ses fers doit s'environner d'une juste méfiance et plus craindre d'oublier un coupable que de frapper un innocent. »

Beauharnais pensait-il que cette lettre serait lue, que ces déclamations le serviraient, qu'on lui en tiendrait compte ? Etait-ce là un plaidoyer suprême à défaut de celui qu'on ne le laisserait point prononcer ? Se faisait-il encore cette illusion ? On cherche là en vain l'accent de nature, quelque mot dont frémisse la chair au contact de cette chair qui agonise ; une ligne qui émeuve, un cri dont l'angoisse remue, on ne trouve que des phrases ! Cette phrase à période, à élégances, à souvenirs classiques, redondante, fertile en images peu suivies et en termes ambitieux, est-elle donc à ce point passée dans leur sang? a-t-elle si exactement tapissé leur cerveau, que ce soit là leur langue et que, grâce à elle, même les sentiments vrais paraissent empruntés ? Cette lettre semble un devoir de rhétorique rédigé par un élève médiocre, et Beauharnais est peut-être un père très tendre, un patriote, un ami de la liberté, décidé à se sacrifier lui-même, acceptant l'injustice, la reconnaissant équitable ! Peut-être aussi ne s'y trompe-t-on pas et est-ce exact que, chez cet homme, tout est convention, tout se guinde à l'oratoire, tout se mue en littérature, et cette littérature, faite des réminiscences classiques accommodées à une forme dont Jean-Jacques a donné le moule, pervertit jusqu'aux sentiments profonds, ceux humains de nature et d'essence, au point d'en fausser non l'expression, mais le fond même. Et ainsi, même un testament de mort vise à l'effet et est écrit pour la cantonade, mais à la cantonade on n'écoute point, et l'effet est manqué.

Deux jours après, Beauharnais a cessé de vivre, et dans la fournée étrange où on l'a jeté, sans interrogatoire, sans témoignages, sans plaidoiries, sans verdict, dans cette fournée de cinquante-cinq condamnés où il y a des négociants et des prêtres, des magistrats et des commis, des bijoutiers et des matelots, des généraux et des brocanteurs, des princes comme Rohan-Montbazon, et des gens d'esprit comme Champcenetz, Alexandre retrouve son ancien ami le prince de Salm et son ancien collègue à la Constituante Gouy d'Arcy. C'est le 5 thermidor (23 juillet). — Encore quatre jours!

XVI

LA LIBERTÉ

XVI

LA LIBERTÉ

Ces quatre jours qui valaient la vie, Joséphine les gagna. Des légendes veulent qu'elle dût, le 10 thermidor, être traduite au Tribunal révolutionnaire, qu'elle le sût, qu'elle s'attendît à mourir, qu'elle eût déjà coupé ses cheveux et vu emporter son lit. A quoi bon grossir l'horreur ? Le couteau était sur toutes les têtes ; c'était une loterie de la mort où, tôt ou tard, tout billet devait sortir, mais où, d'avance, nul n'avait même un indice de son lot : le caprice, le hasard établissaient les listes, pareil à l'antique Fatalité, comme elle muet, aveugle et sourd.

Mme de Beauharnais n'avait point tant de vigueur morale que, comme beaucoup de femmes de ce temps, elle envisageât sans terreur cette mort quasi inévitable. « Elle montrait un découragement qui faisait rougir ses compagnes d'infortune. Elle était pusillanime à l'excès. Les autres savaient se résigner, elle espérait toujours. Elle passait sa vie à tirer les cartes en cachette et à pleurer devant tout le monde, au grand scandale de ses compagnes. Mais elle était naturellement gracieuse et la grâce ne nous sert-elle pas à nous passer de tout ce qui nous manque ? Sa tournure, ses manières, son parler surtout avaient un charme particulier ; mais, il faut le dire, elle n'était ni magnanime ni franche : les autres prisonnières la plaignaient en déplorant son peu de courage. »

Qui pourtant d'elles ou de Joséphine était dans la vérité de la nature ? La faiblesse de la femme, tournée à l'héroïsme, peut inspirer des phrases ; elle n'émeut point ; la faiblesse de la femme apparue dans sa réalité fait pitié : l'altière résignation des grandes dames devant l'échafaud n'a point avancé d'une seconde la fin de la Terreur, mais les cris, les sanglots, les désespoirs de Mme Dubarry ! Ce n'était point romain d'avoir peur, mais humain, et la peur, comme la pitié, est contagieuse. Si, chaque jour, au lieu de ces silencieuses résignées, les charrettes s'étaient emplies de femmes tordues en prières, criant, hurlant, suppliant ; si Paris, chaque jour, avait été traversé par le bruit de leur désespoir, il ne se serait plus trouvé de juges, plus de gardes, plus de bourreaux ; ç'eût été, nerveuse, inconsciente, mais certaine, la révolte de la Pitié.

Et parce qu'elle est ainsi femme et que « ses compagnes » la méprisent un peu, Joséphine est-elle moins aimée dans la prison ? Non certes, et on la plaint d'autant plus qu'elle est plus faible. On le vit bien le 19 thermidor (6 août), quand des premières elle fut mise en liberté. Lorsque les prisonniers entendirent prononcer son nom, ils applaudirent avec fureur. Elle, non peut-être, comme l'a dit un de ses compagnons, parce qu'elle y était infiniment sensible, mais parce que, enfin, elle échappait, parce que c'était le salut, elle se trouva mal. Remise, avec cette grâce qui ne l'abandonna jamais, « elle fit ses adieux à chacun et sortit, au milieu des vœux et des bénédictions de toute la maison ».

N'est-ce pas bien ici le caractère de Joséphine et ne vaut-il pas mieux l'imaginer ainsi gracieuse et épeurée que tournée à un rôle qu'elle n'eût pu soutenir ?

On a dit qu'elle dut cette prompte sortie à l'intervention de Mme de Fontenay, la future Mme Tallien, *sa compagne de prison*. Il n'est point démontré d'abord qu'elle connût Teresia Cabarrus avant l'année 1794, bien que, depuis 1791, elles eussent pu se rencontrer ; mais il n'y avait aucune liaison. Pour la communauté de prison, impossible : « la femme Fontenay, arrêtée à Versailles dans la nuit du 11 au 12 prairial en vertu d'un ordre du Comité de Salut public en date du 3, fut immédiatement dirigée sur la Petite-Force pour y être détenue au secret », et ce fut de la Petite-Force qu'elle sortit le 12 thermidor, sur un ordre du Comité de Sûreté générale. Elle ne passa donc pas aux Carmes que Joséphine n'a pas quittés du 2 floréal au 19 thermidor.

A défaut de Mme de Fontenay, Joséphine avait d'autres protecteurs et qui n'étaient pas des moins puissants. On a vu qu'elle avait ses entrées dans les ministères, qu'elle était en correspondance avec quantité de bons patriotes. Les représentants en mission à l'armée du Rhin, qui avaient écrit d'Alexandre : « C'est le premier général de la République »; Hoche, sorti de la Conciergerie le 16 thermidor, qui tout à l'heure prendra Eugène dans son état-major; Réal, Barère, Tallien, ne pouvaient-ils la servir? D'ailleurs à quoi bon chercher? C'est à Tallien que chacun fait honneur de la libération de Joséphine; c'est à Tallien seul que plus tard Eugène l'attribue. En reconnaissance, il lui fait une pension, de même que Joséphine se charge de sa fille Thermidor, rebaptisée en Joséphine. Ce n'est pas par Mme de Fontenay que Joséphine arrive à Tallien; c'est, au contraire, Tallien qui sert entre elles de trait d'union.

On peut bien penser que, une fois libre, Joséphine s'employa pour obtenir la mise en liberté de Mme Hosten et de son gendre, M. de Croiseul, et que, ses effets étant toujours sous scellés dans son appartement de la rue Saint-Dominique, elle passa à Croissy, près de ses amis, la fin de l'automne; mais l'on n'a que bien peu de points de repère certains pour jalonner la vie qu'elle a menée depuis le mois d'août 1794 (thermidor an II) jusqu'au mois d'août 1795 (thermidor an III).

On a affirmé que, en sortant de prison, elle fut la maîtresse de Hoche. Il ne paraît pas discutable que, aux Carmes, elle fût en coquetterie avec lui. « A l'aide d'un miroir, elle l'instruisait des assassinats qui signalaient chaque jour. » Etrange cour! Mais cette cour fut brève, puisque le 27 floréal (16 mai) Hoche fut transféré à la Conciergerie. Il fut mis en liberté le 17 thermidor (4 août), deux jours avant Joséphine, et douze jours plus tard, le 29 (16 août), nommé général en chef de l'Armée des Côtes de Cherbourg, dont il prit effectivement le commandement ., 19 fructidor (5 septembre). En admettant qu'il eût fait toute diligence, il a donc quitté, au plus tard le 15 (1ᵉʳ septembre) Paris, où il n'avait pu rester en tout que trois semaines : à ce moment, il semble fort amoureux de la jeune fille qu'il a épousée en ventôse (fin février), dont il a été séparé presque aussitôt, d'abord par son envoi à l'armée d'Italie, puis par son incarcération. Qu'on admette même qu'il ait été tenté, qu'il y ait eu quelque chose entre Joséphine et lui, comme cette liaison, en admettant qu'elle ait existé, fut courte ! comme, devant ces dates certaines, tombent les assertions de Barras ! Barras prétend que Joséphine a poussé ses prétentions sur Hoche jusqu'à vouloir le faire divorcer pour l'épouser, que Hoche a répondu « qu'on peut bien se passer un moment une catin pour maîtresse, mais non la prendre pour femme légitime ». Il affirme que Joséphine proposa à Hoche de le pousser auprès du gouvernement et que Hoche refusa tout ; enfin, après avoir dit que, non contente du général, Joséphine avait pris un aide de camp chargé de lui porter une lettre et jusqu'à un Alsacien colossal, gardien de l'écurie, il prête à Hoche cette phrase : « Il faut avoir été en prison avec elle avant le Neuf thermidor pour l'avoir pu connaître aussi intimement. Cela ne serait plus pardonnable une fois rendu à la liberté. »

Il n'est même pas besoin de supposer que, durant quinze jours, il y ait eu entre Hoche et Joséphine une sorte de liaison, pour justifier que Hoche ait pris Eugène à son état-major. Hoche avait été, à l'armée, en relations de service avec Beauharnais et, en prison, ces liens s'étaient resserrés : tout simplement, pour soulager la femme de son ancien chef, il se chargeait de son fils : c'est ainsi d'ailleurs qu'il s'en explique dans une lettre postérieure de deux années, écrite à M. de Beauharnais père après le second mariage de Joséphine. « C'est avec le plus grand plaisir que je me rends à votre vœu et que je fais délivrer les congés aux hommes auxquels vous vous intéressez. Puissent-ils par leur reconnaissance vous faire oublier les pertes que vous avez faites ! Je ne quitterai point Paris sans avoir embrassé mon cher Eugène. Il eût peut-être été à désirer que sa mère ne me l'eût point retiré ; *je me serais efforcé de remplir mon devoir envers un ami infortuné* » (28 messidor an IV-11 juillet 1796). Sans doute, l'on dira que c'est ici façon de colorer aux yeux du grand-père les relations qu'il a eues avec sa bru ; que, à ce moment, Hoche est tenu à d'autant plus d'égards extérieurs vis-à-vis de Joséphine qu'elle vient d'épouser Bonaparte. L'on cherchera une autre époque pour placer ces amours; l'on dira que, en deux ans, il peut se passer bien des choses : soit, mais que répondre à ceci? C'est dans la première quinzaine de fructidor an II que Hoche a quitté Paris et il résulte de sa correspondance qu'il n'y est revenu en congé qu'à la fin de ventôse an IV (mars 1796), lorsque

Joséphine était remariée : donc, il n'est qu'un moment pour cette liaison, ce sont les dix derniers jours de thermidor et les quinze premiers jours de fructidor. Voilà un beau temps pour l'amour.

En serait-il ainsi que, en vérité, l'on chercherait en vain pour la femme des paroles de blâme. Ce malheureux être de faiblesse et de charme, cet être d'élégance et de plaisir, cet être de volupté et d'abandon, trois mois durant, il a vécu l'agonie. La mort toujours, l'horrible mort, les mains liées, l'échafaud gravi, le col coupé, la tête roulante, cette femme l'a vue durant cent jours et cent nuits. Les listes de mort hurlées devant la prison emplissaient ses oreilles : la mort ! la mort ! l'unique pensée, l'unique affaire ; les baisers même, si l'on parvenait à en échanger, avaient un but d'alibi ; l'on donnait la vie pour obtenir un sursis à mourir. Les allées et les venues, les entrées et les sorties : la mort ! Les repas, une place vide ; la mort ! Le sommeil, les rêves : la mort ! Et c'est de là qu'on est sorti, c'est de là qu'on est ressuscité ! Et l'on vit, et l'on est jeune, l'on est jolie. — Qu'importe même ! L'on vit, c'est tout. — Oui, alors, qu'une frénésie de vivre et de jouir s'empare des êtres, qu'ils veuillent toutes les joies, tous les plaisirs pour ce malheureux corps dont on allait faire deux morceaux, qu'ils veuillent tous les baisers pour cette bouche qui allait mordre le son du panier, qu'ils veuillent toutes les imaginations de volupté, toutes les admirations, toutes les caresses pour cette peau que les valets du bourreau allaient mettre à nu ; que, dans ces jours-là, ces jours où la vie, trois mois refluée, s'exalte et veut s'ouvrir, il n'y ait plus ni conventions sociales, ni morale, ni rien de ce que les hommes ont inventé pour réfréner la nature, c'est assez : tout est compréhensible, tout est explicable, tout est excusé.

Mais ce n'est point à dire qu'à ce moment Joséphine ait besoin d'être excusée. Retirée avec ses enfants, elle se consacrait au souvenir du mari peu enviable qu'elle venait de perdre : ainsi cette lettre écrite à Jean Debry qui, à la Convention, dans la séance du 12 fructidor, avait fait une allusion à la mort de Beauharnais [1].

La veuve et les enfants d'Alexandre Beauharnais à Jean Debry.

« Paris, le 15 fructidor an IIe.

« Le premier soulagement que nous avons éprouvé dans notre infortune, citoyen, a été d'apprendre qu'au

---

[1] Voici l'allusion et, à coup sûr, on peut se demander si elle mérite un tel remerciment :
« Je n'infère point de là qu'il faille épargner un coupable, mais bien que nous distinguions le délit de l'erreur, et que nous nous souvenions, nous qui devons avoir des successeurs, que c'est avec ce dernier prétexte, l'erreur, que l'aristocratie s'est vengée de ceux qui avaient porté les armes contre elle et que même, dans les coupables de cette dernière classe, ce sont les services rendus à la chose publique et non les délits postérieurs qui ont obtenu son exécration. *Ce n'est pas aux fautes révolutionnaires de Beauharnais qu'elle en a voulu, mais à celui qui avait présidé le 20 juin 1791.* »

sein de la Convention, tu as rendu justice à un républicain vertueux, qui a péri victime de l'Aristocratie. Ton cœur est fait pour apprécier la reconnaissance de sa veuve et de ses enfants. Nous t'en présentons l'hommage et pour éclairer de plus en plus ton opinion sur le compte de celui que nous regrettons, nous t'adressons une copie de sa dernière lettre. Tu verras qu'en approchant du terme de sa vie entièrement consacrée à la Révolution et dans un moment où les hommes n'ont plus d'intérêt à cacher leurs vrais sentiments, il s'est plu à développer encore l'ardent amour de la patrie qui n'a jamais cessé de l'animer.

« Continue, citoyen, de servir ton pays avec zèle et de protéger l'innocence et la vertu.

« Salut, estime, confiance et fraternité,

« Veuve BEAUHARNAIS,
« EUGÈNE BEAUHARNAIS et HORTENSE BEAUHARNAIS. »

N'est-ce pas là les sentiments d'une veuve presque éplorée et faut-il penser que celle qui fait si grand éloge du *Républicain vertueux* qui fut son époux lui ait si tôt donné un successeur ? Mais ne s'étaient-ils pas, l'un l'autre, rendu leur entière liberté et Alexandre, dans son testament de mort, n'avait-il pas affirmé « ce lien unique d'*amitié fraternelle ?* »

XVII

L'AN III

XVII

L'AN III

Quoi qu'il en soit, il fallait vivre, et Joséphine était singulièrement désargentée. Outre son appartement de la rue Saint-Dominique, elle avait à payer son loyer de la maison de Croissy. Hoche la débarrassait sans doute de tout souci quant à Eugène; mais restait Hortense et l'entretien d'une domesticité assez lourde. Elle attendait toujours de l'argent de la Martinique; mais, par suite des dettes laissées par son père et des engagements pris par Mme de la Pagerie, on n'en avait guère à lui envoyer; d'ailleurs, en eût-on, comment le faire parvenir? Les mers étaient aux Anglais; la colonie elle-même était en pleine guerre civile; les Anglais, après une première tentative manquée en juin 1793, venaient, en février 1794, de s'en emparer sur le malheureux Rochambeau qui, à 6 000 ennemis débarqués, n'avait à opposer que 60 soldats de ligne, 3 compagnies d'hommes de couleur et un corps de miliciens blancs, en tout 900 hommes. C'était donc avec une possession anglaise qu'il fallait correspondre et les difficultés en étaient doublées. Quant aux propriétés de Saint-Domingue, les théories des Amis des Noirs y avaient mis bon ordre aux revenus ; les biens que Beauharnais pouvait avoir à la Ferté-Aurain, non payés entièrement à la Nation et déjà singulièrement grevés d'hypothèques, étaient toujours consfisqués.

Pour ses domestiques, la citoyenne Lanoy, bonne de ses enfants ; une femme de chambre, Agathe Rible, qu'on voit déjà paraître, et un officieux, le citoyen Gontier, Joséphine s'en tirait en ne leur payant point leurs gages et en leur empruntant même leurs économies ; mais 1 000 francs que prêtait Adélaïde, la sœur de Marie Lanoy, 12 000 francs même qu'avait prêtés Sabatier, le beau-frère, au moment de l'émission des assignats, n'avaient pas été d'un grand secours et l'on n'aurait pu vivre sans une personne qui, à ce moment, à côté de Calmelet et de concert avec lui, joue dans la vie de Joséphine un rôle décisif en subvenant à ses besoins et en lui permettant d'attendre. C'est un M. Emmery, de son métier banquier à Dunkerque et vraisemblablement de longue date en relations avec les Tascher par son commerce avec les Antilles. « Depuis trois ans il alimente Joséphine. »

Cet Emmery (Jean-Marie-Joseph), qu'il ne faut pas confondre avec un autre Émery, qui fut avocat à Metz, député, sénateur, pair de France et comte de l'Empire sous le nom de Grosyeulx, était colonel de la Garde nationale de Dunkerque lorsque, en 1791, il fut nommé député à la Législative. Il y siégea parmi les constitutionnels ; ouvrit, en matière commerciale et maritime, plusieurs avis pleins de sens, défendit La Fayette et, en toute occasion, montra un esprit très ferme, très net et, en même temps, très libéral. Élu maire de Dunkerque après la dissolution de l'Assemblée, il avait été, sous la Terreur, poursuivi et emprisonné ; seule, une grave maladie l'avait sauvé de la guillotine. Redevenu maire en l'an III, ayant repris, avec son associé, M. Vanhée, ses opérations avec les Antilles, il avait continué à avancer à Joséphine les sommes dont elle avait besoin.

Malgré son extrême obligeance, il pouvait se lasser ; d'ailleurs les remises qu'il faisait n'étaient guère en rapport avec les désirs de Mme de Beauharnais : aussitôt donc que celle-ci fut parvenue à reprendre le contact avec sa mère, à lui faire passer de ses nouvelles, à lui annoncer son veuvage, à réclamer son soutien (lettre du 30 brumaire an III-20 novembre 1794) et qu'elle eut obtenu réponse, elle s'empressa de la prier de l'aider à se libérer. « Sans les soins de mon bon ami Emmery et de son associé, écrit-elle à sa mère le 1er janvier 1795 (12 nivôse an III), je ne sais ce que je serais devenue. Je connais trop votre tendresse pour avoir le plus petit doute sur l'empressement que vous mettrez à me procurer les moyens de vivre et de reconnaître en m'acquittant ce que je suis redevable à M. Emmery. » Elle insiste pour que l'argent dont Mme de la Pagerie peut disposer, non seulement comme revenus, mais comme fonds de capitaux, soit envoyé soit à Hambourg, soit à Londres, à des banquiers qui le feront passer à Dunkerque. Pour le détail, elle ne s'en occupe point : ces Messieurs « ont sa confiance sans bornes et elle prie sa chère maman de faire tout ce qu'ils lui conseilleront de faire pour le plus grand avantage de leurs intérêts communs ».

La réponse est favorable, car les 10 et 12 prairial (29 avril et 1er mai), Joséphine passe procuration d'abord à Emmery et Vanhée, puis à Vanhée seul, pour retirer et placer l'argent que remettra le banquier de Hambourg et pour gérer les biens que ses enfants ont à Saint-Domingue. Les sommes ainsi reçues sont sans doute médiocres, car Joséphine insiste de nouveau et, à la fin, prenant le grand parti, elle tire sur sa mère pour 1 000 livres sterling de lettres de change. « Je ne vous dis pas, lui écrit-elle le 8 brumaire an IV (30 octobre 1795), combien il est important de remplir cet engagement, puisque ces mêmes effets sont passés pour les faire négocier aux amis qui me font vivre ainsi que mes enfants. » C'est ce qui lui permet, quelques mois plus tard, d'écrire à sa belle-sœur Beauharnais, qui lui avait assez aigrement demandé un secours : « Pour ce que vous appelez ma grande fortune, elle vous a été, je n'en doute pas, exagérée, mais un peu de numéraire que maman m'a fait passer me met assez à mon aise pour être utile à mes amies. »

Entre temps, elle est parvenue à recouvrer au moins les linges, hardes, meubles, bijoux et effets qui lui appartiennent à elle et à ses enfants. A peine la loi du 8 pluviôse a-t-elle été rendue qu'elle s'est hâtée d'en invoquer le bénéfice ; elle a obtenu pour sa pétition l'apostille de Merlin de Thionville et de Tallien ; le Comité de Sûreté générale a rendu un arrêté conforme ; les scellés ont été levés par le juge de paix en présence d'un membre du Comité révolutionnaire et d'un commissaire de l'Agence des revenus nationaux ; Joséphine a repris ce qui était à son usage journalier, puis les scellés ont été réapposés [1]. Ils ne seront définitivement levés que plusieurs mois après.

Elle s'est occupée enfin de protéger dans l'avenir la fortune de ses enfants, sa propre fortune, car elle en a la jouissance : elle a assemblé, le 27 germinal (16 avril), un conseil de famille composé du citoyen Dorfaut, receveur de rentes, fondé de procuration du grand-père Beauharnais, et des citoyens Calmelet, Nys, Billault et Pelletier, *amis* des mineurs, lesquels l'ont nommée à la charge de tutrice et ont désigné pour la fonction de subrogé-tuteur le citoyen Calmelet. Forte de cette tutelle, Joséphine s'est rendue à Fontainebleau près de son beau-père et de sa tante et, par acte passé devant Lisle, notaire, le 30 messidor (18 juillet), elle a emprunté de Mme Renaudin, au nom de ses enfants, une somme de 50 000 livres assi-

---

[1] Toujours ici se présente la même difficulté : Joséphine dans l'ordre d'arrestation, dans cet ordre de levée des scellés, dans la plupart des pièces la concernant, est dite demeurer rue Saint-Dominique, 953, et dans des procurations de même époque, elle est dite demeurer rue de l'Université. Je n'ai pu expliquer cette contradiction qu'en supposant — et les plans de Paris à cette date, entre autres le plan de Verniquet, semblent me donner raison, — que c'est ici la même maison, ou deux corps de bâtiments de la même propriété où l'on accède indifféremment par l'une des deux rues.

gnats provenant de la vente de la maison de Fontainebleau, dont partie lui a servi à payer le prix des domaines nationaux achetés par Alexandre dans le district de Romorantin, partie à payer sa contribution à l'emprunt forcé de l'an IV, fixée à 60 000 livres assignats et réduite ensuite à 1 000 livres, valeur métallique [1].

Elle n'a rien négligé des petites créances qu'elle peut exercer sur la nation. Elle a obtenu du représentant Laurenceot, envoyé en mission en Loir-et-Cher, que l'argenterie et les livres qui se trouvaient à la Ferté et qui avaient été déposés à l'administration départementale, lui fussent restitués ; sur un arrêté du même représentant, elle a touché un acompte de 10 000 livres sur le prix des meubles qui ont été vendus après le décès de son mari, de l'autorité de la Nation ; mais ce ne sera que le 7 germinal an IV (27 mars 1796) que le séquestre sera levé sur les biens d'Alexandre et jusque-là il lui sera impossible de toucher aucun revenu.

L'on peut juger à quel point fut précaire et difficile, durant la plus grande partie de l'an III, la position de Joséphine. Ce n'est qu'en prairial (fin avril) qu'elle voit une éclaircie ; en messidor (juillet) qu'elle trouve chez sa tante un secours, mais combien minime,

[1] Cette somme de 50 000 livres assignats, pour laquelle Joséphine s'engage à 1 500 livres de rente perpétuelle vaut, en espèces métalliques au cours du jour 2 011 livres 10 sous, et c'est à ce chiffre que la créance se trouve réduite par arrangement du 13 messidor an VI.

— le louis d'or de 24 livres vaut alors 808 livres assignats. — C'est seulement après l'année écoulée, dans le deuxième mois de l'an IV, qu'elle tire les 25 000 livres sur sa mère. Mais, de ces 25 000 livres, que ne doit-elle pas à Emmery ? Depuis 1792, elle vit des emprunts qu'elle lui fait : « Vous jugez d'après cela, écrit-elle à sa mère, que je lui suis redevable de sommes considérables¹. » Et cette dette n'est pas la seule : elle doit à tout le monde et de tous côtés ; mais c'est là son élément, et cela ne l'empêche point de vivre.

Outre les voyages à Fontainebleau assez fréquents, — elle finit, semble-t-il, par y entreposer Hortense près de son grand-père et de sa tante ; — elle a toutes sortes d'occupations mondaines qu'elle se crée, et ses goûts restent toujours pareils. Il lui faut une voiture de louage pour faire ses démarches près des gens en place, car elle n'est point femme à marcher, et elle n'a point encore inventé l'admirable combinaison qui, le 9 messidor an III (27 juin 1795), lui vaudra du Comité de Salut public, en échange des chevaux et des équipages que Beauharnais a laissés à l'Armée du Rhin et dont les Représentants ont disposé, une voiture et deux chevaux. Elle se trouve donc devoir au loueur une assez grosse somme que, sur ses économies, paye Marie Lanoy. Elle aime les fleurs, constamment la

---

¹ En reconnaissance des services qui lui avaient été rendus à cette époque par MM. Emmery et Vauhée, Joséphine leur prête, le 22 fructidor an XI, la somme de 200 000 francs, dont, par divers actes postérieurs, elle renonce à toucher l'intérêt.

dépense en revient. Ses toilettes sont bien modestes, mais il lui faut encore une pièce de mousseline de 500 livres, un schall de 270, un grand schall de 1 200, six aunes de taffetas Florence gris à 1 320 et deux paires de bas de soie gris à coins de couleur de 700 livres. Qu'on n'aille pas pourtant prendre ces chiffres au sérieux : c'est le temps des assignats : une paire de souliers pour Hortense coûte 140 livres ; le port d'une caisse venant d'Orléans 1 520 ; un pain de sucre de six livres, à 220 livres la livre, 1 260 livres, et le papier timbré pour faire un billet 70 livres.

Elle a recherché, repris ses anciennes relations : dans ce temps de famine de l'année 1795, on reçoit pourtant, même à dîner, mais les invités apportent leur pain : chez Mme de Moulins où Joséphine a retrouvé son couvert mis, elle est seule dispensée, ce qui lui fait dire qu'elle reçoit en vérité *son pain quotidien ;* elle a encore les Hosten, les Croiseul, mais elle les voit moins ; elle a mieux ou du moins plus à son goût : elle s'est liée d'intimité avec Mme Tallien.

Entre ces deux femmes, combien de rapports! Teresia est certes plus belle, d'une beauté qui ne se peut comparer à l'agrément de Joséphine, mais toutes deux sont, par origine, d'un milieu, d'une éducation, d'une qualité qui ne les préparent point à vivre avec les gens dont elles ont affaire. Toutes deux ont voulu sauver leur tête et n'ont point hésité à déchoir, à prendre des amis ou des amants qui ne peuvent guère leur plaire. Toutes deux ont mêmes goûts, mêmes désirs, mêmes besoins du luxe, de l'élégance, du gaspillage. Toutes deux n'ont guère de scrupules de religion ou de morale, et toutes deux cherchent uniquement l'entreteneur, amant ou mari, peu importe, mais si riche qu'elles puissent se passer toutes leurs fantaisies et satisfaire tous leurs caprices. Pour Teresia, Tallien n'a été qu'une bouchée : elle en a tiré ce grand et légitime orgueil qu'un régime de sang et l'homme qui l'incarnait aient été renversés et abolis pour la sauver ; qu'une grande nation ait dû sa libération à l'amour qu'un homme avait pour elle ; que le peuple l'ait saluée : Notre-Dame de Thermidor ; que son nom ait été alors prononcé avec reconnaissance, avec admiration, avec une sorte de piété par ces gens de l'ancienne société qui s'empressent à lui faire la cour et par elle à demander des faveurs ; mais s'il lui a plu de jouer un temps à la simplicité, d'abriter sa gloire dans la *chaumière* de Tallien, à l'Allée des Veuves, elle ne tarde pas à trouver qu'un théâtre est bien médiocre pour une femme comme elle. La chaumière, passe encore : c'est original ; mais il y faut les fleurs les plus rares, des officieux en nombre, les repas les plus délicats, les vins les plus exquis et des toilettes qui, pour exiger peu d'étoffe, n'en coûtent pas moins.

Et, comme il faut chercher l'argent où il est, comme il y en a chez les banquiers et les gens d'affaires, c'est là que va Teresia et elle emmène Joséphine avec elle. Dès le 26 prairial an III (14 juin 1795), la voici en liaison avec Perregaux, et la voici à sa table avec son mari, Fréron, la vicomtesse de Beauharnais et quelques autres dames et messieurs, surtout des banquiers.

C'est le comte de Gervinus qui, après avoir dîné là, le raconte à Hardenberg.

Et comme, en même temps que les banquiers, les gens de gouvernement — ceux surtout qui n'ont point de scrupules — sont bons à connaître, voici arriver Barras, et comme Barras se connaît en intrigues, ayant pour ses débuts travaillé avec la Lamothe-Valois, il ne tarde pas à passer sa maîtresse à Ouvrard, tout en conservant, lorsqu'il lui plaît, les privautés qui lui conviennent. D'autre part, Teresia n'a point de sottes jalousies ; Joséphine plaît à Barras ; Barras surtout, pour bien des raisons, plaît à Joséphine. Rien de mieux.

XVIII

L'HOTEL CHANTEREINE

XVIII

L'HOTEL CHANTEREINE

Le 30 thermidor an III (17 août 1795), au moment où rien n'est terminé de ses affaires, où le plus clair de ce qu'elle possède, ce sont les 50 000 livres assignats empruntés de la tante Renaudin qui valent à peine 2 500 livres, au moment où elle doit à Dieu et au Diable, et où elle n'a pu rien recevoir encore de la Martinique, Joséphine prend à bail de la citoyenne Julie Carreau, épouse séparée de Talma, pour trois, six ou neuf années, moyennant un loyer annuel de 10 000 francs en assignats ou de 4 000 francs en numéraire, un hôtel entre cour et jardin, sis rue Chantereine, n° 6, un hôtel comportant écuries, remises et dépendances, exigeant un domestique relativement nombreux, portier, jardinier, homme de service — un hôtel qui, par le passé de sa propriétaire, est une maison galante, la maison des fêtes de la demoiselle Julie, avec, tout proche, l'hôtel de la Dervieu, tout autour des hôtels des Impures en nom, le luxe, l'élégance, la recherche des filles entretenues.

Sans doute, ce n'est point ici du grand, et il ne faut point s'attendre à des palais : sur la rue Chantereine [1], peu construite encore, puisque sur ses trois cents toises, entre le faubourg Montmartre et la chaussée d'Antin, il n'y a que dix-neuf numéros, ouvre par une porte cochère un long couloir, resserré entre les murs des propriétés voisines. A l'entrée de ce passage, chambre et escalier pour le portier; à l'extrémité où il s'élargit en une façon de courcelle, deux petits pavillons, remise et écurie; de là, accès sur un tout petit jardin.

Tout le terrain, construit ou libre, n'a de superficie que 601 toises — 1 171 m. 471 — et, au milieu, un pavillon isolé, élevé d'un rez-de-chaussée et d'un

---

[1] Il serait curieux que, à une date ancienne, la rue ou plutôt l'emplacement de la rue Chantereine ait été désignée sous le nom de la *Victoire;* il est certain que l'abbaye de la Victoire érigée par Philippe-Auguste à Senlis en commémoration de la victoire de Bouvines où l'évêque de Senlis avait été son chef d'état-major, cette abbaye qui avait reçu une importante partie des débris subsistants du Domaine royal en Ile-de-France, avait, près Paris, été dotée d'un jardin, un marais et un vinier sis entre la Ferme des Mathurins, les Porcherons et La Grange-Batelière. Ce lieu s'appelait Chanterelle par dérivé de Chantereine et à cause des grenouilles — les reines et reinettes — qui y chantaient. Mais on l'appelait aussi Marais des Porcherons et mieux Marais de la Victoire ou simplement *La Victoire.* C'est ainsi que, dans mon pays, à Asnières-sur-Oise sont désignées, dans les anciens titres, les parties du domaine et même du parc royal qui, par Philippe-Auguste, ont été détachées pour l'abbaye de la Victoire. Lorsque des chaumières commencèrent à s'élever dans ce marais, l'espèce de chemin qui y conduisait fut désigné sous le nom de Ruelette au Marais des Porcherons. Puis il reçut deux noms, du faubourg Montmartre à la rue Saint-Georges : rue Chantereine; de la rue Saint-Georges à la rue Saint-Lazare, rue des Postes (1779). La rue Chantereine s'est bâtie presque entièrement de 1779 à 1790; mais toute maison presque y était hôtel avec cour et jardins.

attique, avec caves et cuisines au-dessous. Cinq pièces à l'étage, car l'attique n'est point surélevé et ne sert qu'aux gens : donc, une antichambre, une chambre à coucher, un petit salon servant de salle à manger, un autre petit salon en forme de demi-rotonde, que suit une sorte de petit boudoir et une garde-robe. Quatre mille livres métalliques, c'est payer cher l'agrément d'être chez soi, en ce temps où partout l'on demande la résiliation des baux, où le pain arrive à se payer 22 francs la livre au Palais-Royal, où les rentiers, même de 20 000 livres, ne peuvent plus subsister, où l'on voit des hommes de bonne apparence, d'éducation distinguée, « ramasser dans du fumier des pelures de patates cuites et les dévorer ». Et c'est le moment où Joséphine se charge d'un tel loyer, où, toute joyeuse des deux chevaux hongres à poil noir, âgés d'environ sept ans, dont la République lui a fait présent, elle prend un cocher ; où, en dehors du citoyen Gonthier, à son service depuis au moins les débuts de l'an III, elle engage un cuisinier, le citoyen Gallyot[1], et elle a une femme de chambre, Louise Compoint, laquelle a succédé à une Agathe — Agathe Rible, qui viendra plus tard reprendre la place. — Il est vrai qu'il n'est plus question de Marie Lanoy, qui semble bonne fille, car, de ses gages fixés à 600 livres numéraire par an et dont elle n'a rien touché, de ses avances qui montent à 26 758 livres assignats, des 12 000 francs de Sabatier et du reste, elle ne fait

[1] Il accompagnera Bonaparte en Égypte et sera retraité garde des Bouches à Fontainebleau.

point état, ne prend même pas de reconnaissance.

Hortense, tandis que sa mère se charge ainsi d'un train, est placée en pension à cette *Institution Nationale de Saint-Germain*, que Mme Campan vient de fonder pour restaurer la société et pour gagner son pain. Faut-il croire que Joséphine demande un rabais à Mme Campan; que, au lieu de 1 200 livres, elle en offre 600 pour l'entretien de sa fille? Rien de tel pour marchander, en telles occasions, comme les gaspilleuses.

Encore peut-elle dire que sa fille, qu'elle est obligée d'entretenir, lui coûterait autant partout, mais pourquoi, des mains de Hoche qui ne demande qu'à le garder, reprend-elle Eugène pour le placer chèrement dans la pension qui vient d'ouvrir, à Saint-Germain, sous le nom de collège Irlandais, un sieur Patrice Mac-Dermott autrefois, dit-on, précepteur du jeune Henri Campan?

Et, avant même d'entrer en jouissance de son hôtel, ce qui ne peut avoir lieu que le 10 vendémiaire an IV (2 octobre 95), Joséphine s'occupe de rafraîchir et de compléter le mobilier qu'elle a rue Saint-Dominique : elle fait acheter le 1er fructidor (18 août) par Marie Lanoy douze pièces de nankin bleu à 190 livres la pièce — 2 280 livres au total — qui, ornées d'une crête rouge et jaune, serviront dans la chambre à coucher à recouvrir six chaises de bois à dossier renversé, bronzé, allant avec la couchette à deux dossiers de bois bronzé pour laquelle on lui demande quarante louis — près de 50 000 livres assignats. Avec cela, de jolis meubles qu'elle a : un secrétaire à glaces et colonnes, de bois jaune de la Guadeloupe encadré de bois rouge avec miroir et dessus de marbre ; une table de bois jaune octogone avec dessus de marbre Porthor ; une table à écrire de bois de noyer de la Guadeloupe, un vide-poche en acajou, un petit buste de Socrate en marbre blanc ; dans un coin, une harpe de Renaud. On fait moins de frais pour l'antichambre où l'on place seulement un bas de buffet en chêne et une armoire de sapin pour serrer la vaisselle, et une fontaine à laver ; on n'a dans le petit salon servant de salle à manger que quatre chaises d'acajou couvertes de crin noir, autour d'une table ronde à pans rabattus, qu'accompagnent quelques servantes à rafraîchissoirs et deux tables à dessus de marbre assez élégantes : point d'autres meubles, les armoires vitrées où s'étale la fontaine à thé en plaqué anglais forme étrusque ; les plateaux, les vases, le sucrier de plaqué, sont pratiquées dans le mur et il suffit, pour l'ornement, des huit estampes dont une, en sanguine, représente l'*Innocence dans les bras de la Justice*. Dans le petit salon en demi-rotonde, le boudoir, le cabinet de toilette plutôt, car à côté ouvre la garde-robe intime, tout est disposé pour le travail nécessaire, le travail de la mise au point du visage : glaces partout : glace de 12 pouces de haut sur 36 de large, à un miroir monté sur un pied portatif en chêne, posé sur la commode d'acajou à dessus de marbre bleu turquin ; glace en deux morceaux au trumeau de cheminée peint en gris ; glace à la toilette de bois d'acajou ; et puis un forte-piano de Bernard pour prendre des attitudes et faire croire qu'on en sait toucher... Aux murs, seize petites estampes encadrées. C'est tout.

Luxe médiocre, sans doute, mais enfin il faut payer. Qui paie ?

Du 9 thermidor an II au 18 brumaire an VIII, la République, sans qu'elle s'en doute, a un maître : Barras. C'est lui qui, pour sauver ses camarades et ses complices, les Conventionnels en mission, à qui Robespierre va faire rendre gorge, se fait le sabre dont ils ont besoin pour égorger le dictateur; lui qui, de thermidor an II à vendémiaire an IV, apparaît comme le sauveur, le soldat des Conventionnels, frappant à droite, frappant à gauche, mais se maintenant debout au milieu de toutes les réactions. C'est lui qui établit, lui qui maintient, qui perpétue, à travers la Constitution de l'an III, la tyrannie de la Convention; qui, fermant la bouche par le coup d'État de Fructidor an V, par les invalidations individuelles de l'an VII, à la France légalement insurgée, arrête, comprime, supprime la volonté de la Nation. Tout cela, non pour un principe, non pour des idées, non pour des rêves, mais parce qu'il trouve la place bonne, en jouit, veut en jouir. Le pouvoir, il s'en soucie assez peu; mais les agréments du pouvoir, l'argent, le luxe, les femmes, et le reste, voilà ce qu'il veut. Il l'a et le garde. Étant brave, car au moins il est cela, ayant servi, étant gentilhomme, il a cette immense qualité de mépriser qui l'entoure, — lâches, parleurs, petites gens. Il a gardé de bonnes façons, de la tournure, le bel air, un peu casseur, du coureur de tripots, quelque peu souteneur, qu'il a été. Combien vrai de lui, ce que Lefebvre disait de Talleyrand : « De la M.... dans un bas de soie ». Mais, de plus que Talleyrand, il a l'audace, il ne boude pas au feu ; il tire l'épée et en jette le fourreau. Pour lui plaire, il faut l'appeler : Général. Il se prend au sérieux, a des aides de camp, donne des ordres, et à propos. Cela suffit.

Cet homme, et c'est là le côté curieux de sa nature, admet bien qu'il s'encanaille avec les hommes, mais il ne vit qu'avec des femmes d'ancien régime ; il lui faut, dans son intimité, de la grâce, de l'élégance, de la distinction ; il ne saurait prétendre aux femmes du premier rang, guillotinées, émigrées, cachées, mais à celles-là qui ont déjà couru l'aventure, qui — pour sauver leur tête ou leur fortune — se sont compromises avec quelque jacobin ; celles-là qui par leurs maris ou leurs amants ont versé dans la Révolution et qui, à présent, d'autant plus besogneuses que le luxe renaît, d'autant plus avides qu'elles en ont plus le désir et le besoin, cherchent la proie. Il la leur fournit — mais médiocrement de sa poche, il a trop de besoins lui-même, pour être si prodigue qu'on a cru ; — il les met en présence des fournisseurs, des banquiers, des gens à argent qu'il exploite lui-même et qu'il leur permet d'exploiter ensuite ; il leur ménage des affaires, il les associe à ses profits.

D'ailleurs correct : il aime la tenue, comme il aime le luxe. Il sait donner un dîner et, ce dîner ne glissera point à l'orgie. Ce ne sera jamais aux grosses viandes, aux gros vins, aux grosses débauches à la Chabot qu'il se roulera, il lui faudra du raffiné et de l'élégant. S'il prend une pointe, ce sera du meilleur vin d'Ay; il y aura des fleurs sur la table et des coussins sur les sièges, les glaces viendront de chez Velloni et, ensuite, s'il se débauche, la femme sera rare, exquise et parfaitement dressée.

Tel est l'homme : et tel celui qui quelque temps a été l'amant de Joséphine : point encore membre du Directoire quoi qu'on ait dit, mais plus maître sans doute comme président de la Convention, comme membre de la Commission des Cinq, comme membre du Comité de Sûreté générale, comme général en chef de l'Armée de l'intérieur, trois fois élu tel par la Convention. En mission dans le Nord en floréal an III (mai), il est revenu en messidor (juillet); il devient tout-puissant en vendémiaire an IV (septembre-octobre), mais ce n'est que le 10 brumaire (1ᵉʳ novembre) qu'il est élu membre du Directoire, le 13 (5 novembre) qu'il s'installe au Luxembourg.

Il est permis de penser qu'il n'y a point entre ces dates et celles de l'installation de Joséphine, rue Chantereine, une simple coïncidence : c'est le 30 thermidor an III (17 août) que Joséphine signe son bail; c'est en fructidor (août-septembre) qu'elle met ses enfants en pension, c'est le 10 vendémiaire an IV (2 octobre) qu'elle entre en jouissance, c'est le 14 (6 octobre) qu'elle donne ordre de meubler sa chambre.

La liaison dure ensuite quelque temps : et c'est à

Croissy que se donnent les rendez-vous : « Nous avions pour voisine Mme de Beauharnais, écrit Pasquier. Sa maison était contiguë à la nôtre; elle n'y venait que rarement, une fois par semaine, pour y recevoir Barras avec la nombreuse société qu'il traînait à sa suite. Dès le matin, nous voyions arriver des paniers de provisions, puis des gendarmes à cheval commençaient à circuler sur la route de Nanterre à Croisy, car le *jeune Directeur* arrivait le plus souvent à cheval.

« La maison de Mme de Beauharnais avait, comme c'est assez la coutume chez les créoles, un certain luxe d'apparat; à côté du superflu, les choses les plus nécessaires faisaient défaut. Volailles, gibier, fruits rares encombraient la cuisine. Nous étions alors à l'époque de la plus grande disette et, en même temps, on manquait de casseroles, de verres et d'assiettes, qu'on venait emprunter à notre chétif ménage. »

C'est que les victuailles, c'était Barras qui les payait : au reste, à l'en croire, c'était lui aussi qui payait la maison : « Mme Beauharnais, a-t-il dit dans une note restée inédite, me proposa de me charger du reste dû d'un bail de maison de campagne qu'elle avait louée à Croisy. Je l'acceptai : une fois installé, elle m'avoua qu'elle ne pouvait acquitter les loyers, encore moins l'arriéré; je me chargeai de tout et même des dégradations qui avaient eu lieu. »

Ce n'était point que là qu'elle le voyait. Dès que, dans le Luxembourg dévasté, prison durant la Révolution, où ne restait point un meuble, où, le premier jour, les Directeurs avaient délibéré autour d'une table empruntée au portier, Barras se fut installé et qu'il eut ouvert ses salons, Joséphine ne manqua pas plus que Mme Tallien de s'y rendre. Il s'y réunit bientôt une coterie formée de femmes tenant à l'ancienne noblesse et quoi qu'on ait dit, au dehors « on avait fort bon ton et plutôt une réserve froide qu'un abandon de mauvais goût ». Peu de maris : Mme de Navailles, ci-devant duchesse d'Aiguillon, n'était pas encore Mme Louis de Girardin et portait son nom de fille; Mme de Carvoisin, déjà un peu mûre, était veuve de Jacques-François de Carvoisin, marquis d'Achy, seigneur de Nouvion, mestre de camp de cavalerie; veuve aussi Mme de Kreny, née Cacqueray avec qui Joséphine se lia d'intimité; quasi veuve Mme Récamier ou du moins préludant par son indépendance à la réputation qu'elle se complait faire; Mme de Mailly-Château-Renaud avait, paraît-il, un mari et même l'amenait quelquefois : rien des grands Mailly; c'était un Jean Cœurderoy qui avait été substitué, à défaut d'héritiers, à un président à la cour des aides de Franche-Comté, nommé Mailly, lequel par lettres de 1732, registrées en 1754, avait obtenu l'érection en marquisat de sa terre de Chauteaurenaud dans le diocèse de Chalon-sur-Saône ; mais la femme « était douce, gentille, gracieuse d'esprit et de visage ». Tel était, en femmes, le fonds de l'intimité, très restreinte, et où il fallait montrer peau blanche pour être reçue, bien plus étendue en hommes, par suite des relations forcées et des obligations de position.

On ne se tenait point toujours dans les salons, et il y avait des audiences privées, mais ailleurs aussi l'on se voyait. Si Joséphine avait Croissy, Barras avait Chaillot. La maison qu'il possédait ou louait en ce temps rue Basse-Saint-Pierre, une rue qui, partant du quai de Billy, finissait rue de Chaillot, est-elle la même que, rue de Chaillot, 70, celle où il est mort le 29 janvier 1829, une dépendance, un pavillon? Peu importe.

Ce qui est certain, c'est que la maison était à lui et que Joséphine en faisait les honneurs. En voici la preuve :

« Paris, le 24 pluviôse an 4e [1]
de la République française une et indivisible.

« *La citoyenne Bauharnays prie le C^{en} Réal de lui faire le plaisir de venir demain 25 diner chez elle: les C^{ens} Barras et Tallien doivent aussi s'i trouver ; ils comptent sur son amitié pour leur faire ce plaisir.*

Salut et amitié,

HALLÉ.

Rue Basse-Pierre, n° 8, à Chaillot.

Au citoyen Réal, rue de Lille, au coin de la rue de Poitiers, faubourg Germain, à Paris.

[1] 13 février 1796.

XIX

LE GÉNÉRAL BONAPARTE

XIX

LE GÉNÉRAL BONAPARTE

En dehors de Barras, Mme de Beauharnais voyait et recevait chez elle quelques hommes. Elle sentait fort bien que si Barras pouvait, à des moments, être un ami utile, de ceux auxquels on demande un service — et qui le rendent — il était un passant, et qu'il n'y avait point à attendre de lui une permanence de bons offices ; moins encore, sans doute, comptait-elle sur ces amis auxquels elle ouvrait dans la soirée la porte de son petit salon, mais ils étaient décoratifs, formaient un semblant de société, et, en cas qu'il se présentât quelqu'un d'autre, donnaient bon air à la maison. C'étaient la plupart, Ségur, Montesquiou, Caulaincourt, des gens de noblesse ayant versé dans les idées constitutionnelles, pris une part aux débuts de la Révolution, connu alors Beauharnais, rencontré sa femme. Ruinés, demi-proscrits, fort empêchés pour passer leur temps, ils se retrouvaient là, du moins, en un milieu qui ne leur déplaisait point, en tiraient une sorte de sécurité et, devant une femme aimable, échangeaient des nouvelles, des anecdotes et des souvenirs. Quelques hommes de lettres, tels que Lemercier, apportaient la note des temps nouveaux, mais il n'y avait point antinomie entre eux et les gens de cour. Ils étaient de bonne éducation et savaient garder les distances, donnaient même quelque jour un utile conseil, car il fallait vivre, et à défaut de charges et de places, la ressource avait été d'écrire, et c'est à quoi M. de Ségur s'employait.

Au ton qu'on prenait, nul ne pouvait se douter que la femme chez qui l'on se trouvait eût une réputation quelque peu écornée. L'on ne s'y mettait point à l'aise et les manières ne s'en ressentaient point : c'étaient des formes respectueuses que nuançait une teinte de galanterie, imperceptible pour des oreilles non prévenues ; des façons d'autant plus distantes en public qu'elles avaient pu et pouvaient être plus intimes dans le particulier : la familiarité semblait en ce temps une grossièreté ; on ne la trouvait, extérieure, entre gens bien élevés, dans nul des rapports sociaux, ni de père à enfants, ni de mari à femme, ni d'amant à maîtresse ; plus les Jacobins s'étaient efforcés de l'imposer, plus, par une naturelle et salutaire réaction, quiconque prétendait se distinguer d'eux, affectait de n'y point tomber. Aussi bien n'est-il pas de coutume que ce soit dans les salons de demi-monde qu'on affecte la meilleure tenue, qu'on se tienne dans la plus exacte réserve et qu'on ait les conversations les moins osées — l'honnête femme seule ayant droit de tout entendre?

Point de jeunes gens, à quoi serviraient-ils ? Point de gens du pouvoir ; on les voyait ailleurs : c'était là un coin réservé qui, dans sa demi-pauvreté que paraient seulement des fleurs et quelques humbles débris de ce qui pouvait sembler un luxe ancien, exhalait un parfum de bonne compagnie, prenait un air de vieille noblesse, n'avait rien des parvenus du nouveau régime. Et c'est là qu'est introduit le général Bonaparte.

L'occasion : le désarmement ordonné aux citoyens de Paris le 22 vendémiaire. Le 13 et le 14, Joséphine était à Fontainebleau, ne songeant à rien moins qu'à la révolte des Sections, uniquement occupée de ses meubles à acheter ou à déménager. L'arrêté du Comité de Salut public concernant la remise des armes, devait la laisser assez indifférente. « Elle allait remettre à l'un des commissaires chargés de cette opération le sabre du général Beauharnais lorsque Eugène, qui se trouvait là, s'en empara et protesta qu'on ne la lui arracherait qu'avec la vie. Le commissaire consentit à le lui laisser s'il se procurait une autorisation du général en chef. Eugène courut chez lui. L'émotion profonde dont il était pénétré, son nom, sa figure agréable, la chaleur et la naïveté de ses instances, touchèrent le général ; il lui permit de conserver son arme chérie. » Joséphine vint remercier. C'était de politesse. Puis, n'était-ce point dans ses façons de venir, à tout hasard, se montrer, établir des relations, se ménager ainsi des protecteurs ? Pour les sollicitations qu'elle avait en réserve, elle ne négligeait point de se tenir au courant de ce personnel constamment renouvelé qui passait sur la scène. Les lettres, on n'en tenait compte : les visites, avec la voiture, les deux chevaux, la femme charmeresse et tendre, dont le nom sonnait, cela ne s'oubliait point. Sans doute, peu ou rien à en tirer d'un petit Corse bombardé ainsi général en chef, mais enfin, il aurait son influence, s'il s'agissait de relâcher des réquisitionnaires, d'accorder des permis, de procurer des loges; c'était quelque chose, le général en second de l'Armée de l'intérieur, et toujours il était bon à connaître.

Il rendit la visite ; on l'invita à venir le soir quand il n'aurait rien de mieux à faire : il vint. Son esprit, son imagination, son cœur, son ambition, tout ensemble devait être frappé, et le fut : c'était pour lui le monde, le vrai monde, ces gens d'ancien régime pour qui toujours il eut du goût et qu'il n'avait jamais approchés ; c'était, dans un milieu distingué, une femme qui était la grâce même et qui à ses yeux tout neufs semblait l'incarnation même de la grande dame ; et elle s'abaissait à lui, l'accueillait en égal, le recevait sur le pied d'un ami. Elle, on peut penser que Bonaparte lui plut. Il était drôle, *drolle*, comme elle disait, en faisant chanter le mot à la créole. Une éducation à faire, l'étrangeté de mener un sauvage à la chaîne ; puis, ce qu'on en pouvait tirer, car il était généreux, faisait des cadeaux. Y eut-il calcul de sa part, comme a dit Barras; simple entraînement des sens, comme d'autres l'ont affirmé ;

y eut-il l'un et l'autre et le coup de tête de la femme oisive? En tout cas, le siège ne fut pas long. Les entrevues se multiplièrent. Le 6 brumaire (28 octobre), quinze jours après la première, elle écrit :

« Vous ne venez plus voir une amie qui vous aime; vous l'avez tout à fait délaissée, vous avez bien tort, car elle vous est tendrement attachée.

« Venez demain septidi déjeuner avec moi, j'ai besoin de vous voir et de causer avec vous sur vos intérêts.

« Bonsoir, mon ami, je vous embrasse.

« Veuve BEAUHARNAIS. »

Désormais, Bonaparte est, comme on disait alors, attaché à son char. Il suit Joséphine, l'accompagne ou la rejoint dans les maisons qu'elle fréquente ; c'est là son entrée chez Mme Tallien ; puis, le Directoire s'installant, ce sont les rencontres chez Barras ; mais celles-ci plus tard, car l'installation au Luxembourg prend du temps et ce n'est que le 1er frimaire (21 novembre) que se donne la première audience.

D'ici là les choses ont marché :

« Je me réveille plein de toi, écrit Bonaparte. Ton portrait et l'enivrante soirée d'hier n'ont point laissé de repos à mes sens. Douce et incomparable Joséphine, quel effet bizarre faites-vous sur mon cœur? Vous fâchez-vous, vous vois-je triste, êtes-vous inquiète... mon âme est brisée de douleur, et il n'est point de repos pour votre ami, mais en est-il davantage pour moi, lorsque, me livrant au sentiment profond qui me maîtrise, je puise sur vos lèvres, sur votre cœur, une flamme qui me brûle ? Ah ! c'est cette nuit que je me suis bien aperçu que votre portrait n'est point vous. Tu pars à midi. Je te verrai dans trois heures. En attendant, *mio dolce amor*, un millier de baisers, mais ne m'en donne pas, car ils brûlent mon sang. »

C'est ici sans doute au début de la liaison ; on ne parle que d'amour; les jours passent ; voici janvier 1796 et cette fête du 1er pluviôse, anniversaire de l'exécution du dernier roi des Français. Barras donne un grand dîner. Il y a des dames, Mme de Beauharnais, Mme Tallien, Mme de Carvoisin. Bonaparte est en conversation très animée avec elles, et, au café, cette conversation est bientôt suivie d'une excessive gaîté; toutefois « cette gaîté est d'un meilleur ton et d'un meilleur genre que celui de la grosse joie qui régnait alors dans des réunions pareilles ». Après dîner, les dames se retirent dans un salon particulier, « pour donner sans doute un plus libre essor aux propos du général, qui paraissent leur plaire infiniment », et le général s'assied entre elles sur un canapé. La liaison est comme affichée.

La pauvre petite Hortense, qu'on a fait sortir pour l'occasion, qu'on a menée à ce dîner où elle ne connaît personne que le ménage Tallien et qui à table se trouve placée entre sa mère et Bonaparte dont elle ne sait point le nom, ne peut s'empêcher de les remarquer. « Pour lui parler, dit-elle, il s'avançait toujours avec tant de vivacité et de persévérance qu'il me fatiguait et me forçait de me reculer... Il parlait avec feu et paraissait uniquement occupé de ma mère. »

A quel moment peut remonter chez Bonaparte l'idée de transformer en mariage cette bonne fortune? Si cette lettre était datée, ne le saurait-on pas?

« 9 heures du matin.

« Je vous ai quittée emportant avec moi un sentiment pénible. Je me suis couché bien fâché. Il me semblait que l'estime qui est due à mon caractère devait éloigner de votre pensée la dernière qui vous agitait hier au soir. Si elle prédominait dans votre esprit, vous seriez bien injuste, Madame, et moi bien malheureux!

« Vous avez donc pensé que je ne vous aimais pas pour vous!!! Pour qui donc? Ah! Madame, j'aurais donc bien changé! Un sentiment si bas a-t-il pu être conçu dans une âme si pure? J'en suis encore étonné, moins encore que du sentiment qui, à mon réveil, m'a ramené sans rancune et sans volonté à vos pieds. Certes, il est impossible d'être plus faible et plus dégradé. Quel est donc ton étrange pouvoir, incomparable Joséphine? Une de tes pensées empoisonne ma vie, déchire mon cœur par les volontés les plus opposées, mais un sentiment plus fort, une humeur moins sombre me rattache, me ramène et me conduit encore coupable. Je le sens bien, si nous avons des disputes ensemble, tu devrais récuser mon cœur, ma conscience : tu les as séduits, ils sont encore pour toi.

« Toi cependant, *mio dolce amor*, tu as bien reposé ? As-tu seulement pensé deux fois à moi. Je te donne trois baisers : un sur ton cœur, un sur ta bouche, un sur tes yeux. »

S'il ne l'aime point pour elle, pourquoi donc et que va-t-elle soupçonner ? Est-ce pour les 25 000 livres de rente qu'elle s'attribue, — ces 25 000 livres dont le chiffre se rapporte si exactement aux 1 000 livres sterling qu'elle vient de tirer deux mois auparavant sur la Martinique ; — est-ce pour le pouvoir qu'il peut lui croire sur Barras ? L'argent peut-être, il la suppose riche ; pour Barras, il ne sait rien. Barras lui-même le dit. Lorsque, après une scène qu'il raconte, Joséphine, reconduite par un de ses aides de camp, revient chez elle, qu'elle trouve à la porte Bonaparte l'attendant, que, encore toute en larmes, elle veut s'expliquer, qu'elle lui raconte que Barras lui a fait la cour, a pris Mme Tallien par dépit, vient encore de lui offrir à elle de la lui sacrifier, qu'il a voulu abuser d'elle, qu'elle s'est évanouie, Bonaparte entre en fureur, veut aller demander raison à Barras, et Joséphine alors, qui voit la faute, excuse Barras : « Il a des manières un peu brusques, mais il est très bon, très serviable, c'est un ami, rien que cela. »

N'est-ce pas pour Joséphine le meilleur moyen de lui fermer les yeux, de l'empêcher de regarder de trop près les obstacles qui se rencontrent à un mariage, dès que, de ce mariage, elle a, pour son compte, accepté l'idée et qu'elle est décidée à en poursuivre la fortune? Dès qu'elle l'oblige à se défendre de ne point l'aimer uniquement pour elle, comment scruterait-il un acte, de baptême, comment regarderait-il au passé, comment chercherait-il à se renseigner, comment s'informerait-il de la fortune? Il l'aime; elle l'aime; c'est assez. Mais pourquoi irait-elle l'épouser? Pourquoi un mariage civil, qui ne peut pas plus compter pour sa conscience à elle que pour son ancien monde? Elle ne s'y est certes point décidée au premier coup; elle a consulté les gens de sa société, ses anciens amis, de simples relations : on lui a dit que Bonaparte avait du génie, qu'il arriverait très haut; elle l'a vu généreux, presque prodigue; elle le sait entreprenant. Il va avoir un commandement d'armée, Carnot n'en fait pas mystère. Quelle carte a-t-elle en main, qui lui reste à jouer? Elle a trente-deux ans, elle est fanée, elle est une femme déjà mûre. D'autre avenir, point qu'elle aperçoive; des grands enfants dont elle ne sait que faire; une vie dont l'incertitude commence à lui peser; la vision d'une étrange fortune; puis, quoi, le coup de dés qu'il faut risquer, qui plaît à son tempérament et à son atavisme, le sacrifice au Destin, l'entraînement qu'inspire l'homme, jeune, ardent, passionné, — et dans cet amour qui semble le dernier, comme la chance suprême qui s'offre et qu'elle doit tenter. Le 5 ventôse (24 février), la résolution est prise. Onze jours avant, elle faisait les honneurs de la petite maison de Barras.

XX

Dans un autre livre, on a vu de quelle façon en quelle forme s'était accompli le mariage : les subtiles procédés employés par Joséphine, aidée de Calmelet, pour obtenir l'apparence d'un âge qu'elle n'a plus et d'une fortune qu'elle n'eut jamais : on n'y saurait ajouter nul détail intéressant et l'on y reviendra point. Désormais Joséphine appartient à Bonaparte ; leurs deux existences sont associées pour quinze années et, durant ces quinze ans, il sera presque impossible de parler de Napoléon sans parler d'elle. Mais, d'après ces commencements, ne comprend-on pas mieux le caractère que la femme a développé? Ne doit-on pas prendre une indulgence pour ses faiblesses et une sympathie pour ses terreurs? La pauvre petite créole élevée à la diable en une maison que guette la ruine, où la gêne est d'habitude, où le père quémandeur, ayant ailleurs des maîtresses, ne rentre que pour prendre de l'argent; nulle direction haute, nulle règle morale;

un mariage bâclé par une tante dont la vie n'est certes point pour servir d'exemple et qui pourtant apparaît comme l'unique providence ; un mari insupportable à force de pédantisme, tenant sa femme pour l'odieux prix dont il a payé sa liberté et sa fortune ; le mépris en ce qui peut sembler à Joséphine le plus cruel, le mépris de sa jeunesse et de son agrément, l'abandon, l'injure, une vie désolée, terrible d'ennui, de tristesse, même de pauvreté ; le couvent qui est un refuge presque une joie ; puis, ces deux ans là-bas dans la misère, entre un père et une sœur mourants ; le retour, la prison, la mort constamment sur soi, et la terreur, la vraie, celle qui glace les os et jette aux bourreaux les femmes pâmées. Et après, quel lendemain ? quelle issue ? Servir de repoussoir à des femmes plus jeunes, plus jolies, manger leurs restes, recevoir les caresses qu'elles ont dédaignées ; et dans ce grand Paris, promener sa précoce maturité à la recherche passionnée de l'entreteneur qu'on ne trouve point !

Grâce à une légèreté qui se distrait aux spectacles de la vie, Joséphine échappe à l'obsession du redoutable problème posé constamment devant elle ; elle ne s'inquiète pas trop, heureuse qu'elle est de se sentir libre, accoutumée à l'imprévu, aux hauts et bas de fortune ; un chiffon, un bijou, un dîner, un rendez-vous, c'est assez pour que la préoccupation s'envole ; mais la parure surtout l'occupe, comme aux jours où, prenant pour miroir le ruisseau des Trois-Ilets, elle s'essayait aux grâces, piquait dans ses cheveux des fleurs éclatantes et, à son cou, à ses oreilles, passait des graines colorées. Elle s'exerce à plaire, moins pour les autres que pour elle-même, plus pour l'agrément qu'elle en tire que pour l'utilité qu'elle s'en promet, et c'est à elle qu'elle songe d'abord lorsqu'elle prend un amant.

Sans doute, on la souhaiterait plus réservée et, des liaisons éphémères qu'elle noue et dénoue ainsi, l'on voudrait effacer quelques-unes ; mais n'est-il point à tenir compte de l'éducation qu'elle a reçue, du milieu où elle vit, des besoins qu'elle éprouve, des privations qu'elle endure, des lois communes qu'elle subit ? Si, en cette fin du dernier siècle, tout a concouru à pervertir chez la mondaine l'idée morale que le christianisme avait répandue et qu'il avait cru consacrer par l'institution de la monogamie, combien plus chez Joséphine abandonnée par son mari, livrée uniquement à elle-même et ne trouvant autour d'elle que des exemples d'amour libre et de faux ménages ? Et la Révolution vient là-dessus, anéantissant toutes les institutions qui imposent encore à la société l'obligation d'une tenue extérieure, supprimant, avec les fortunes qui jusque-là ont écarté la vénalité de l'amour, les rangs étagés qui ont empêché les promiscuités trop visibles et les abaissements trop choquants. Joséphine, au moins extérieurement, se garde encore de s'afficher avec des clubistes du genre de Tallien ; mais croit-on que la Cabarrus soit seule à le faire ? et ne serait-ce pas une étrange histoire au point de vue social, celle de l'amour ou du rapport des sexes pendant la Révolution ? Des femmes qui ont donné leur corps pour sauver leurs têtes, bien plus qu'on ne croit, et de celles qui se sont livrées aux gens d'argent après les gens de mort, pour conserver le luxe, l'élégance, les toilettes d'habitude, plus encore.

Sans doute, il y eut des saintes, des femmes qui ont tout souffert plutôt que de faillir, tout enduré plutôt que de déchoir. Il s'en est rencontré qui l'ont fait par conviction religieuse, par vertu conjugale, par orgueil de race, par propreté simplement, mais Joséphine n'est point une sainte, elle est une pauvre petite créole qui a pour mission, pour but, pour rêve de plaire, qui voudrait bien s'amuser un peu, trouver enfin la vie de distraction et de fantaisie pour laquelle elle est faite.

De la passion chez elle, peu ou point, du moins de la passion qui dure, qui, transformant l'être, l'absorbe dans une pensée unique, un unique rêve, un unique amour. Elle s'aime trop elle-même pour aimer à la passion qui que ce soit ; elle subordonne à elle, aux intérêts qu'elle combine et qui sont uniquement les siens, aux fantaisies même qu'elle éprouve et qu'elle veut satisfaire, les êtres qu'elle dit aimer le mieux. Raison de plus sans doute pour que, en paroles et même en gestes, elle joue la passion. Elle y excelle, comme aux larmes qu'elle verse à volonté, et nulle, comme elle, ne sait prendre l'apparence de la sincérité ; nulle, à l'égal d'elle, ne parvient à porter chez les autres la conviction qu'elle les aime en se réservant davantage et en rapportant en réalité tout à soi. Même lorsqu'elle abandonne son corps et semble se livrer toute, elle garde l'entière notion de ce qu'il lui faut dire ou faire pour garder son rôle et conserver son prestige. Cela n'a au surplus rien que d'ordinaire : l'homme seul est assez sot pour s'épancher, se raconter, dire ses propres secrets ; la femme ne dit que ceux des autres.

D'intelligence, celle-là : une part ainsi de tact, cette vertu sociale qui supplée à toutes les autres et qui, accompagnée du mensonge, assure constamment et infailliblement le triomphe de la femme. Menteuse, Joséphine l'est par principes : Beauharnais, dès la première année, en tire contre elle un grief ; Bonaparte dira qu'elle a la *négative* ; donc, déjà bien armée ; mais, pour le tact, l'intelligence n'est point si déliée, les nerfs ne sont point si sensibles, qu'il ne se trouve parfois en défaut.

Elle a, au suprême degré, cette sorte de tact qu'on dirait mondain ou social : elle dit ce qu'il faut dire, elle adresse à chacun la parole qui convient, elle prend la place où on la mettrait, elle s'habille de la robe qui sied ; à cela, elle excelle et c'est, ici, don de nature ; nul n'a pu lui enseigner ce qui ne s'apprend pas. Où qu'elle aille, où qu'elle monte, elle sera bien et on la trouvera telle. Durant dix-huit années, constamment observée, elle ne fera point une faute de politesse ou d'éducation, pas un manque d'à-propos qu'on relève, et les critiques les plus attentifs seront unanimes à le reconnaître.

Mais, où elle se trouve en défaut, c'est lorsque ce

tact qui la guide doit être subordonné à la compréhension vive et rapide des êtres, à l'intelligence immédiate des situations. Elle saisit les mondaines, les sociales, les banales, ce qui est d'extérieur, où il lui suffit de la grâce, du charme, de la mémoire ; mais elle ne va pas au profond : il lui manque pour elle-même l'esprit de conduite ; il lui manque, en ce qui touche les autres, cette notion brusque, immédiate, révélatrice, prise au premier choc et qui est sans doute la part la plus exquise et la plus rare du tact intime. Elle ne reçoit pas cette sorte de coup qui, à jamais, met l'esprit et le cœur en ouverture ou en défiance, cette plaisance ou déplaisance instinctive contre qui l'on a toujours tort de se défendre, car elle ne trompe point. S'aimant elle-même comme elle fait, elle ne sent point qui doit la servir ou la desservir. Quand elle se met en lutte, c'est qu'elle a un motif, alors que l'impression devrait suffire. Puis, bien qu'elle soit rusée, tenace et secrète, et qu'elle soit capable de se montrer telle, ce n'est qu'après un temps où, faute d'esprit de conduite, elle a laissé prendre des armes contre elle, qu'elle reconnaît la ligne à suivre. Ainsi, cette chance inattendue pour elle, cette rencontre de Bonaparte qui réalisera pour elle tout ce qu'elle a jamais pu rêver, elle n'en sentira point tout de suite l'intérêt. Avant de comprendre quelle est sa fortune, il lui faudra des mois, des années, cinq ans entiers ! Pour s'éviter une corvée, elle risquera beaucoup ; pour satisfaire un caprice, elle compromettra tout. Même après qu'elle aura compris ce que Bonaparte lui apporte, comprendra-t-elle jamais ce qu'il est? Non, cela passe son intelligence. Elle tiendra à *sa position*, elle s'y attachera, elle s'y cramponnera ; mais à la position bien plus qu'à l'homme.

De fait, elle a cherché, au moins depuis son retour d'Amérique, *une position* ; elle n'a rien ménagé pour la trouver ; Bonaparte la lui donne ; mais, est-on bien convaincu, jusqu'en 1800, que Joséphine n'a point envié Mme Tallien d'avoir mis la main sur Ouvrard? Aux idées de patrie, de gloire, de grandeur nationale, elle est fermée : elle voit elle-même, elle voit ses amusements, ses fantaisies, sa toilette, ses bijoux, ses bibelots ; c'est là le principal, l'unique but, et un financier paraît plus sûr, plus inépuisable qu'un général. Beauharnais lui aussi commandait une armée... Entre les deux faisait-elle la différence et n'est-il pas naturel alors qu'elle ait ces craintes et qu'elle prenne ces précautions?

Qu'on se reporte à ces temps ; qu'on y vive en esprit : roi, cour, nobles, juges, armée, tout un organisme social bouleversé, supprimé, anéanti ; un autre qui s'y substitue, qui dure six mois ; un autre, deux ans ; un autre, quatre ans. A chaque fois, ce qu'on nomme la gloire, ce qu'on appelle les services, ce qu'on croit la popularité, paragraphes pour l'acte d'accusation. Exil, guillotine, déportation, fusillades, on change de supplice, mais toujours la misère ou la mort. L'argent reste. Joséphine a trop souffert de la misère et elle a de trop près vu la mort. Elle veut vivre et jouir de la vie, et si son idéal n'est pas bien élevé, s'il est dépourvu de ce qui, en d'autres temps, en paraîtrait le principal, à qui donc la faute, sinon à ceux qui, détruisant à dessein ce qui fait le généreux et le noble de la vie, ce qui la rend socialement utile et agréable, ont dépouillé l'instinct de vivre et de jouir de tout ce qui en voile aux yeux la laideur et la bassesse? Pour qui n'est ni une héroïne, ni une sainte, l'argent seul demeure et Joséphine n'est ni l'une ni l'autre : elle est seulement une femme.

Et de cette femme, faut-il voiler les qualités et ne les voit-on pas développées dès ce temps telles qu'elle les montrera plus tard? Obligeante, serviable, gracieuse, elle sollicite pour les autres, elle s'entremet, elle se donne des peines, elle risque sa tête — inconsciemment, cela est vrai, mais pas moins! Elle porte, en sa nature morale, la souplesse séduisante qu'elle a dans son corps. Elle n'a point de haines ; il semble même qu'elle n'ait point d'envie. Elle rend le bien quand elle le peut, pour le mal qu'on lui a certes fait. Elle sait pardonner, et quelle faculté de pardon ne lui faut-il pas, puisque, aux Carmes, elle se réconcilie avec Alexandre et que, avant, elle a cherché à le servir ! Qui donc de ces hommes qui l'ont fait jeter en prison, qui de ceux qui l'ont dénoncée, qui des Comités révolutionnaires, qui du Comité de Sûreté générale a été persécuté par elle, lorsqu'elle fut puissante? Amar, Louis (du Bas-Rhin), Dubarrau, Lavicomterie, Jagot, Elie Lacoste, qui ont signé son ordre d'arrestation, leur en a-t-elle demandé compte? Quel compte à Vadier, si vainement imploré, Vadier qui a mis son nom sur la liste des morts? A-t-elle à David, lorsqu'il la peignit Impératrice recevant du Héros moderne l'imposition de la couronne sacrée, rappelé d'un mot que son nom à lui était au pied de l'ordre de mort d'Alexandre? Et à Tallien, à Réal, à quiconque a été bon pour elle aux jours où elle avait besoin d'appui, comme elle paye sa dette! Elle est donc reconnaissante, et ce n'est une vertu ni médiocre, ni banale ; elle est reconnaissante, lorsque le souvenir seul des bienfaits reçus pourrait sembler une humiliation dans la position où elle s'élève, serait tenue telle par une âme vulgaire. C'est que Joséphine est née *Dame*, elle est une *Dame*, et elle restera telle : elle l'est par le tact, elle l'est par l'absence de vanité, elle l'est par la reconnaissance, elle l'est par toute sa personne et dans tous ses actes ; elle le demeure aux Carmes, elle le reste au Luxembourg et à la rue Chantereine ; elle le sera aux Tuileries et à Malmaison. Cela, qui est si rare, lui est donné, et cela vaut bien mieux sans doute et doit autrement servir sa mémoire que si elle n'eût point trouvé d'amants, et que, sèche, envieuse et méchante, elle eût traversé la vie dans une ombrageuse et inutile chasteté — dont personne ne lui eût su gré et qui n'eût été, comme il arrive, qu'une hypocrisie ou un regret.

TABLE

Introduction		
I.	Les Iles	25
II.	Tascher et Beauharnais	41
III.	Madame Renaudin	53
IV.	Le père et la mère de Joséphine	63
V.	Enfance et jeunesse de Joséphine	75
VI.	Alexandre de Beauharnais	87
VII.	Le mariage	99
VIII.	Le jeune ménage	117
IX.	La séparation	135
X.	Fontainebleau. — La Martinique	153
XI.	Le retour	167
XII.	Fin de la Constituante	179
XIII.	Le général Beauharnais	191
XIV.	Joséphine pendant la Révolution	209

XV.	LES CARMES	221
XVI.	LA LIBERTÉ	237
XVII.	L'AN III	249
XVIII.	L'HÔTEL CHANTEREINE	261
XIX.	LE GÉNÉRAL BONAPARTE	275
XX.	. . . .	287

ÉVREUX, IMPRIMERIE DE CHARLES HÉRISSEY

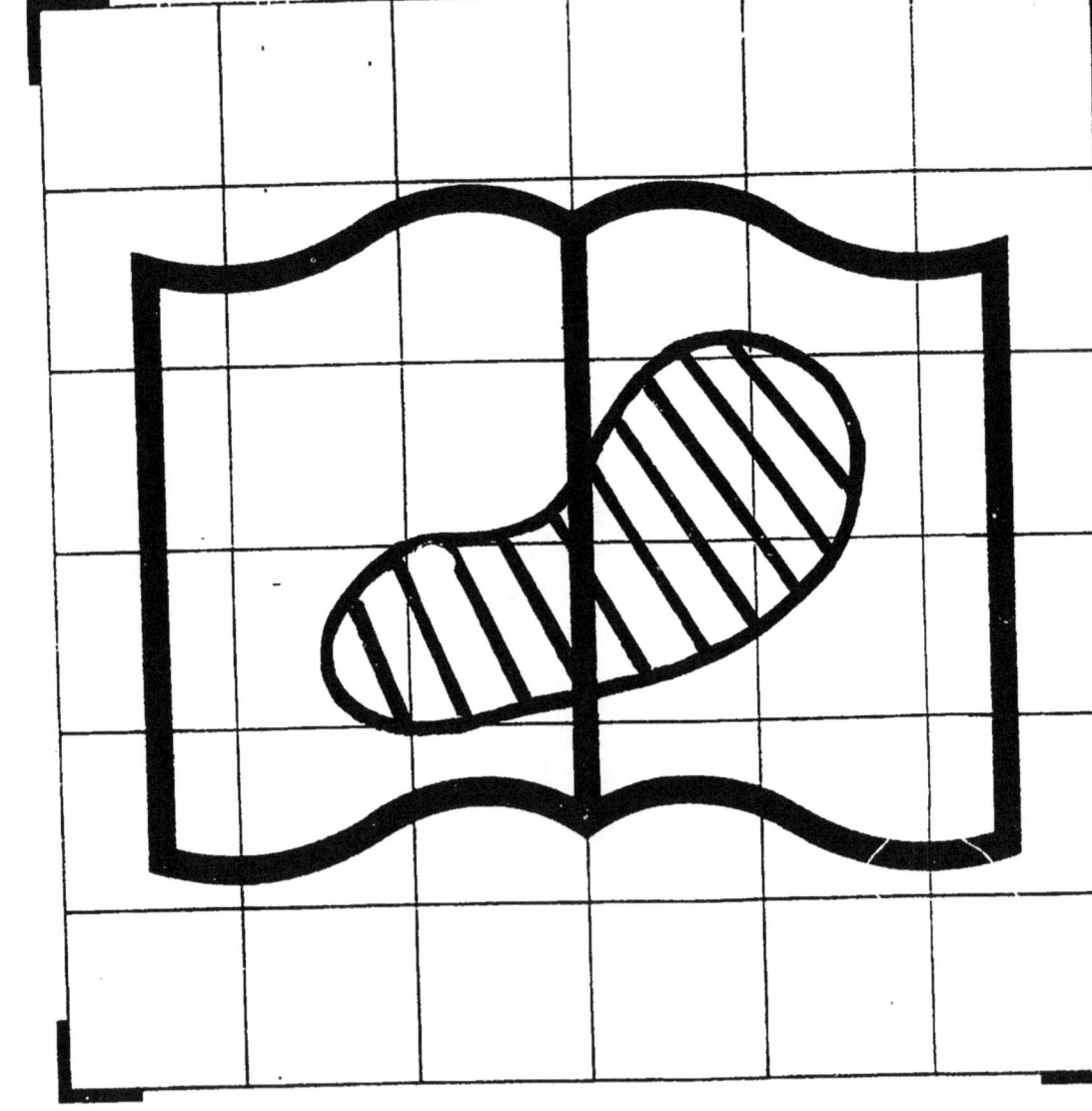

LIBRAIRIE PAUL OLLENDORFF

28 bis, RUE DE RICHELIEU, PARIS

COLLECTION GRAND IN-8° CARRÉ A 7 fr. 50 LE VOLUME

ALEXANDRE III (S. M. I.), empereur de Russie. — **Souvenirs de Sébastopol.** Traduction de M. NICOLAS NOTOVITCH. (D'après les originaux conservés au Musée historique de Sébastopol.) . . . . 1 vol.

BENJAMIN CONSTANT. — **Journal intime et Lettres à sa famille et à ses amis**, précédés d'une Introduction par D. MELEGARI. Portraits et autographe . . . . 1 vol.

DAUDET (ERNEST). — *Souvenirs et Révélations.* **Histoire diplomatique de l'alliance franco-russe.** . . . . 1 vol.

DELESALLE. — **Dictionnaire argot-français et français-argot** . . 1 vol.

FERRIÈRE (HECTOR DE LA). — **Deux drames d'amour :** *Anne Boleyn; Elisabeth.* . . . . 1 vol.

FERRIÈRE (HECTOR DE LA). — **Deux cours de France et d'Angleterre.** 1 vol.

GIRAUDEAU (FERNAND). — **Napoléon III intime** . . . . 1 vol.

GUILLOIS (ANTOINE). — **La Marquise de Condorcet, sa famille, son salon, ses amis** . . . . 1 vol.

HAUTERIVE (ERNEST D'). — **L'Armée sous la Révolution** (1789-1794). 1 vol.

HÉRISSON (COMTE D'). — **Souvenirs intimes et notes du baron Mounier, secrétaire de Napoléon Ier** . . . . 1 vol.

LACROIX (CLÉMENT DE). — **Souvenirs du comte de Montgaillard, agent de la Diplomatie secrète pendant la Révolution, l'Empire et la Restauration**, publiés d'après des documents inédits . . . . . . 1 vol.

LACROIX (CLÉMENT DE). — **Mémoires diplomatiques de Montgaillard** (1805-1819) . . . . 1 vol.

MASSON (FRÉDÉRIC). — **Napoléon et les Femmes.** (23° édition revue et augmentée.) . . . . 1 vol.

MASSON (FRÉDÉRIC) et BIAGI (GUIDO). — **Napoléon Inconnu.** *Papiers inédits* (1786-1793) accompagnés de notes sur la jeunesse de Napoléon (1769-1793), par FRÉDÉRIC MASSON . . . . 2 vol.

MASSON (FRÉDÉRIC). — **Napoléon et sa Famille**, t. Ier (1769-1802). 1 vol.

MASSON (FRÉDÉRIC). — **Napoléon et sa Famille**, t. II (1802-1805). 1 vol.

NOTOVITCH (NICOLAS). — **L'Empereur Nicolas II et la Politique russe.** 1 vol.

PILS. — **Journal de marche du grenadier Pils.** Recueilli et annoté par RAOUL DE CISTERNES. Nombreuses illustrations. . . . . 1 vol.

REGNIER (P.). — **Le Tartuffe des Comédiens** . . . . 1 vol.

RODOCANACHI (E.). — **Renée de France, duchesse de Ferrare.** . 1 vol.

SIMON (E.). — **L'Empereur Guillaume et son règne** . . . . . . 1 vol.

SIMON (E.). — **Histoire du prince de Bismarck** (1847-1887). . . 1 vol.

VERLY (ALBERT). — *Souvenirs du second Empire.* **L'Escadron des Cent-Gardes.** Illustrations de FÉLIX RÉGAMEY . . . . 1 vol.

VERLY (ALBERT). — *Souvenirs du second Empire.* **De Notre-Dame au Zululand** . . . . 1 vol.

WOLSELEY (LE MARÉCHAL VICOMTE). — **Le Déclin et la Chute de Napoléon.** Portrait de Napoléon et cartes hors texte. . . . . 1 vol.

ÉVREUX, IMPRIMERIE DE CHARLES HÉRISSEY

♥